国家社会科学基金项目资助

ZHONGGUO NONGMIN
XINXI BUDUICHEN WENTI DUICE YANJIU

中国农民
信息不对称问题对策研究

——基于信息需求侧和供给侧

孙贵珍◎著

人民出版社

目　录

前　言

中国 40 多年改革开放，带来了经济、政治、社会等方面的全面进步发展，使社会发展由以解决温饱为主要目标的生存型社会发展到以促进人的全面发展为主要目标的发展型社会，协调发展成为中国社会发展的重要任务和时代主题。中国是个农业大国，城乡发展不同步、结构不协调让中国面对世界上独具特色的"三农"问题，制约着中国社会的协调发展。网络信息技术及信息产业的快速发展，为解决"三农"问题带来了新的契机，也带来了新的矛盾。信息作为重要的生产要素和资源，在市场经济下，市场配置资源的内在规律，使信息要素和资源在城乡之间总是优先配置于城市，带来了城乡之间的信息差距，使广大农民在生产、生活中难以分享信息化的文明成果，产生了农民信息不对称问题。农民信息不对称问题反映了城乡居民获得信息产品、信息服务机会的不平等及其分享信息化文明成果权利的不平等。由此，解决农民信息不对称问题，促进城乡社会协调发展，是中国新阶段新任务的必然要求和重要内容。

近年来，全国多地频现的大宗鲜活农产品滞销、卖难怪圈，凸显了农民在农业生产经营中的信息不对称问题。农民信息不对称问题不仅是技术问题，也是社会信息化发展中城乡发展不平衡的一种新的体现，如果得不到及时解决，将不利于现代农业的发展和农民生活的改善，不利于社会主义新农村建设的全面发展和城乡统筹协调发展。因此，对中国农民信息不对称问题进行系统研究，具有重要的现实意义：为新时期农民问题的研究和解决提供了新的研究思路、研究角度和切入点；促进农业产业结构调整和生产方式的革新；加快农村民生的改善；促进"人的新农村"建设和"物的新农村"建设同步发展；有利于推进城乡信息发展一体化，促进城乡和谐发展。

本书以唯物辩证法为指导，借助于政治学、社会学、计量经济学、统计学等学科的工具和方法，理论联系实际，采用文献研究和调查研究相结合、规范分析和实证分析相结合、定性分析与定量分析相结合的研究方法，以信息不对称理论、信息需求与供给理论、信息管理理论、公共物品理论为理论基础，借鉴国内外关于解决农民信息不对称问题的相关研究成果、对策措施和经验，借助于中国统计年鉴的相关数据和对东中西部和东北地区7省份农民实地调查获得的一手资料，遵循"提出问题——分析问题——解决问题"的逻辑思路，在对农民信息不对称问题进行分析评价的基础上，分别从信息需求侧和信息供给侧探究其产生的原因，提出解决中国农民信息不对称问题的相应对策措施。

通过相关文献，系统地评述了国内外有关农民信息不对称及其相关问题的研究成果及实施措施，从社会发展现实出发，阐明了当前解决我国农民信息不对称问题的必要性和现实意义，提出农民信息不对称问题是中国城乡社会信息化发展不平衡的结果和表现，研究农民信息不对称问题为农民问题的研究和解决提供了新的研究思路和研究角度；农民信息不对称问题的解决有利于合理调整农业产业结构、改善农村民生、推动"人的新农村"建设和"物的新农村”建设同步发展和促进城乡信息一体化。

在分析“信息”“信息不对称”“农民”等概念的基础上，界定了“农民信息不对称”，明确了研究对象的内涵，阐明了信息不对称理论、信息需求和供给理论、信息管理理论、公共物品理论等理论，为研究结论的科学性和正确性提供理论基础。

农民信息不对称问题是中国城乡信息差距的一个具体体现，以农村信息化发展水平作为评价农民信息不对称程度的依据，通过对城乡之间、东中西东北地区之间信息基础设施或信息基础资源、信息消费系数的对比分析，对农民信息不对称问题及其不利影响进行评析。结果表明，农村居民信息不对称程度高于城镇居民；信息不对称问题在大部分农村地区客观存在，中西部地区的农民信息不对称问题更为突出，特别是西部地区的农民信息不对称问题最严重；农民信息不对称问题会导致农产品市场失效（表现农产品市场供需背离、逆向选择、道德风险和信用退化）、农业产业结构不合理以及农民利益受到损害等一系列不利的影响。

导致中国农民信息不对称问题的诸多原因，最终从信息的需求侧和信息的供给侧得以体现。从信息需求侧和信息供给侧探究农民信息不对称问题产生的原因，是从根源上寻找解决问题有效措施的前提。（1）从信息需求侧，结合农民信息意识调查和信息能力调查分析农民信息素养，结果显示：农民整体上信息意识缺乏、信息能力偏低，是农民信息不对称问题产生的重要原因；基于经济学意义的信息需求，借助 Eviews6.0 统计分析软件，利用 Logit 模型和对农民信息需求调查的相关数据建立了农民信息购买意愿模型并对之进行分析，利用扩展线性支出系统模型（ELES）和《中国统计年鉴 2013》农村居民消费的截面数据建立了农民信息购买力模型并对之进行分析，模型分析结果显示：农民的整体信息购买意愿较低是导致农民信息不对称的一个直接原因，信息购买力低下也是诱发农民信息不对称的直接原因。（2）从信息供给侧，基于涉农信息供给及其一般环节、供给主体、影响因素和主要模式的分析，结合从农民认知视角的涉农信息供给调查，从供给的涉农信息及其供给环境、供给主体等方面分析涉农信息供给，结果显示：当前供给的涉农信息数量不足、时效性和有效性不高，在很大程度上不能满足农民的信息需要，通过互联网渠道获取信息的比例低、农村信息市场发展缓慢、农村基础设施整体上比较落后，供给主体种类少、资金投入不足、提供的信息服务不能满足农民需要，导致农民信息不对称问题的产生；利用不完全信息动态博弈模型，对政府与农民之间、涉农信息供给中介组织和农民之间的不完全信息动态博弈进行分析，结果显示：在不完全信息情况下，政府对涉农信息供给的管理不善、信息供给不佳，涉农信息供给中介组织供给的信息差，是导致农民信息不对称问题产生的重要原因。

基于中国农民信息不对称问题成因分析，结合农民的信息需求（主要涉及信息意识、信息能力和信息购买力）和涉农信息供给（包括涉农信息生产和涉农信息传播）的现状，从社会发展实际出发，分别从信息需求侧和信息供给侧之涉农信息生产和涉农信息传播方面，针对性地提出解决中国农民信息不对称问题的相应对策措施。

（1）在信息需求侧，通过加大对农信息宣传和教育、大力宣传介绍农民运用信息的成功事例、发展农村信息文化提供良好的信息环境等措施，增强农民的信息意识；通过加强农民的信息知识教育、信息技能培训、信息实践活动等措施，提高农民的信息能力；

通过增加农民纯收入、加大农村基本公共服务的投入、加强农民专业合作经济组织的培育等措施，提高农民的信息购买能力。

（2）在涉农信息生产方面，加强社会对涉农信息生产重要性的认知和重视程度；根据农民信息需求和生产实际，生产完整的涉农信息产品；发展和利用农业农村大数据，提高涉农信息生产管理水平和信息资源共享；加强多层次、复合型的涉农信息专业人才培养。

（3）在涉农信息传播方面，通过加大政府对农村宽带网络建设的资金投入和政策支持、因地制宜推进农村宽带网络建设的协调发展、降低农村宽带网络资费等措施，加快农村宽带信息基础设施建设，提高农村互联网的普及率和利用率；发挥政府职能，促进市场信息公开；加快"互联网+"涉农信息传播的发展和应用，提高农民的互联网利用能力；建立健全涉农信息传播的反馈机制，提高涉农信息传播效果；建立健全涉农信息网络传播的相关法律法规，为涉农信息传播提供健康的网络环境。

本书立足城乡社会和谐发展视阈，从信息需求侧和信息供给侧视角，研究中国农民信息不对称问题，根据问题产生的原因，结合农民信息需求和涉农信息供给现状以及社会发展现实，从农民信息需求侧和涉农信息供给侧，提出了解决问题的相应对策，为农民信息不对称问题及农民问题的研究和解决，提供新的研究思路、研究角度及可操作方法，为国家有关部门制定相关决策提供参考。

第一章　导　论

第一节　研究背景和意义

一、研究背景

中国 40 多年改革开放，带来了经济、政治、社会、文化、科技等方面的快速发展，社会发展阶段由以解决温饱为主要目标的生存型社会步入到以促进人的全面发展为主要目标的发展型社会的新阶段。社会发展阶段的转型，带来了社会结构、经济体制和经济增长方式等方面的深刻变革，既推动了经济社会的持续、稳定、快速发展，也蕴含着社会发展的一些不和谐因素和深刻的社会矛盾，诸如经济增长同资源约束、环境约束、城乡差距加大之间的矛盾，社会公共服务需求增长和基本公共产品短缺，社会进步和公共治理落后等矛盾。[①] 这凸显了社会发展中"发展性"压力的加大，表明了促进社会均衡、全面发展成为新时代中国特色社会主义发展的主要内容和主要任务。

中国既是一个发展中国家，又是一个农业大国。数千年的农业社会，城乡二元结构和曾经的计划经济体制基础上的城乡二元经济

---

① 迟福林：《中国新阶段改革的起点与趋势》，2010 年 5 月 19 日，见 http：//books. chinareform. org. cn/Explore/6/0/201005/t20100519_ 9858. htm。

社会管理体制，使农村发展明显落后于城市发展，也让中国面对世界上独具特色的"三农"问题——农业、农村、农民问题。"三农"问题是由"三农"的各个方面的"弱质性"所带来的，其核心问题是农民问题，其实质是城市与农村发展不同步、结构不协调问题。信息社会的到来，网络信息技术及信息产业的快速发展，既对生产方式、生活方式和思维方式带来深刻、巨大的影响，也促进了它们的不断变革，这为解决农民问题及"三农"问题带来了新的契机和机遇，同时也带来了新的挑战和矛盾。

在现代生产中，信息已经成为重要的资源和新的生产要素。在市场经济条件下，市场配置资源的内在规律，使信息要素和信息资源多是优先配置于回报率高的地区、企业和部门，造成不同领域、不同地区之间信息差距的进一步扩大。在中国信息化发展进程中，城乡经济社会发展不平衡的现实，使信息资源总是优先配置于城市，导致了城乡信息差距或"数字鸿沟"①的客观存在，使农村信息化发展落后于城市信息化，农村信息供给不能满足农民的信息需求，由此产生农民信息不对称②问题。在农业生产中，农民信息不对称问题的加深，会使农民的农业生产面临巨大的不确定性和风险，降低农业生产效益和农民收入，拉大了城乡差距，最终带来城乡经济上和信息上的双重"马太效应"③，严重制约着城乡社会的共同发展。农民信息不对称问题说明农民已经成为信息化中的

---

① 数字鸿沟（Digital Divide），又称作信息鸿沟（Information Divide），即"信息富有者和信息贫困者之间的鸿沟"。它体现了在信息技术开发和应用领域中存在的差距现象，实际上表现为一种创造财富能力的差距。

② 信息不对称（Asymmetric information），指交易中的各人所拥有的信息不同。在经济活动中，掌握信息比较充分的人，往往处于比较有利的地位，而信息贫乏的人，则处于不利地位。

③ 马太效应（Matthew Effect），指强者愈强、弱者愈弱的现象。

"数字贫困"人群和"弱势群体",反映了城乡居民获得信息产品、信息服务机会的不平等和分享信息化文明成果权利的不平等。

党的十八大明确提出坚持"走中国特色新型工业化、信息化、城镇化、农业现代化道路"①,促进"四化"同步发展,同时提出了"推动城乡发展一体化。让广大农民平等参与现代化进程、共同分享现代化成果"。② 党的十八届五中全会也提出了"创新、协调、绿色、开放、共享"的新发展理念。党的十九大报告提出,实施乡村振兴战略,要坚持农业农村优先发展,建立健全城乡融合发展体制机制和政策体系,加快推进农业农村现代化。这为解决农民信息不对称问题指明了方向,提供了政策支持。由此,解决农民信息不对称问题,促进城乡社会协调发展,是中国新阶段新任务的必然要求和重要内容。

二、研究意义

信息网络技术和信息产业的快速发展,为破解农民问题和协调城乡发展开辟了新的途径,但同时也日益凸显出城乡信息差距的"马太效应"和农民信息不对称问题的客观存在。近年来,全国多地频频出现的大宗鲜活农产品滞销、卖难怪圈,反映出农民在农产品生产过程和流通过程中存在着信息不对称问题,农产品领域中出现的一些流行语,如从"豆你玩",到"蒜你狠",再到"姜你军""苹地起""糖高宗"……就是近些年农产品供需信息不对称的真实写照,这既反映了农业生产和流通中信息畅通的重要性,也

---

① 《坚定不移沿着中国特色社会主义道路前进 为全面建成小康社会而奋斗——在中国共产党第十八次全国代表大会上的报告》,人民出版社2012年版,第20页。

② 《坚定不移沿着中国特色社会主义道路前进 为全面建成小康社会而奋斗——在中国共产党第十八次全国代表大会上的报告》,人民出版社2012年版,第23页。

揭示了信息对农民生产、增收的重要性。农民信息不对称问题是城乡社会信息化不平衡的结果和表现。农民信息不对称问题如果得不到及时解决,将不利于现代农业的发展和农民生活的改善,不利于"人的新农村"建设和"物的新农村"建设同步、协调发展,不利于城乡发展一体化。因此,对中国农民信息不对称问题进行系统研究,具有重要价值和意义。

1. 可以为新时代"三农"特别是农民问题的研究解决提供新的研究思路和研究角度。"三农"问题一直是关系我国社会发展全局和协调发展的重大问题,长期得不到解决显示了其复杂性和艰巨性,其中农民问题是其根本问题。信息革命的不断深化,使信息成为重要的生产要素和战略资源,信息在生产中的地位和作用日益凸显,为解决"三农"问题特别是农民问题提供新的研究思路、研究视角和契机。城乡信息化发展的不平衡,使农业和农村的信息化发展速度和水平明显滞后于城市,农村居民难以同城镇居民共享信息化发展成果,农民信息不对称问题日趋显现,使农民问题——收入低、增收难亦日趋显现,阻碍着农业信息化快速发展和农村全面发展。解决或缓解农民信息不对称问题有利于促进农业信息化和农业现代化,促进农民增产增收。因此,解决农民信息不对称问题,有利于农民问题和"三农"问题的解决。

2. 可以促进农业产业结构的适时、合理调整。信息论创始人申农认为"信息是用以消除随机不确定性的东西"①,即信息可以"消除系统的不确定性"。现实生活中,人们难以对所需的全部信息达到掌握、拥有和充分利用,势必会处于不同程度的信息不对称

---

① 百度百科:《信息》,2012 年 8 月 1 日,见 http://baike.baidu.com/view/1527.htm。

状态，面临不同程度的决策不确定性和风险。市场经济中的经济问题更是如此，存在着不同程度的不确定性和市场风险。现代农业生产中，农民具有生产者和决策者的双重角色，凸显了其信息拥有量和信息利用程度对生产决策的重要性。在农业生产活动中，农民如果掌握、利用的市场信息比较充分，就可以根据市场需求作出正确决策，适时、合理地调整生产结构，根据市场需求进行生产，从中获得最大收益；如果信息掌握、利用不充分，作出的决策就会出现偏差、甚至错误，不能对生产结构进行及时调整，产品不符合市场需求，出现增产不增收，导致收益上不同程度的降低或损失。因此，掌握农业生产所需要的充分的各类信息，适应和满足市场对农产品的需求，有利于实现农业的增产增效。当前，农业生产中出现的周期式"同步振荡"，就是由于农民的市场信息不对称，不能根据市场需求调整生产结构，最终导致丰产不丰收。

3. 可以促进农村民生的改善，提升农民的生存发展环境和生活水平。社会层面的民生主要指"民众的基本生存和基本生活状态，以及民众的基本发展机会、基本发展能力和基本权益的状况等"。[①] 辩证唯物主义历史观认为，人民群众是历史的创造者，是社会发展变革的决定力量。"民惟邦本，本固邦宁。""民生是人民幸福之基，社会和谐之本。"[②] 人民群众是中国特色社会主义和改革开放的建设者，党的十八大提出"必须坚持人民主体地位"。自党的十六大以来，党中央一直把建设、保障、改善民生作为社会建设的重要内容。党的十八大报告提出，在改善民生和创新管理中加

[①] 吴忠民：《改善民生的有效途径》，《北京观察》2008 年第 2 期。
[②] 中共中央宣传部：《习近平总书记系列重要讲话读本（2016 年版）》，学习出版社、人民出版社 2016 年版，第 212 页。

强社会建设，加强社会建设必须以保障和改善民生为重点；党的十九大报告提出，提高保障和改善民生水平，使人民拥有更加充实、有保障、可持续的获得感、幸福感和安全感。党的十八大以来，党中央坚持"以民为本、以人为本"的执政理念，把改善民生作为社会建设的基本任务之一，使全体人民更公平地分享改革成果。中国是个农业大国，农村民生的改善是中国民生工作的内容之一。改善农村民生，离不开农民收入的增加、农民生活的改善和农民对美好生活的向往。农民信息不对称问题的缓解或解决，可以降低农民生产经营风险，在一定程度上意味着农民收益的增加。采取多项举措解决农民信息不对称问题，在促进农民增收的同时，还可以提高农民的技能和素质，提高农民的从业水平，促进农村经济和社会事业的协调发展，解决农民后顾之忧。此外，还有利于信息资源在农村的合理配置，缩小城乡信息差距，使农民能够更好地享有信息化发展成果，农民的话语权、信息平等权等权利得到保障，让农民过上更舒适、更有尊严感的生活。

4. 解决农民信息不对称问题有利于推动"人的新农村"建设，促进"人的新农村"建设和"物的新农村"建设同步、协调发展。2005 年 10 月，党的十六届五中全会提出了"生产发展、生活宽裕、乡风文明、村容整洁、管理民主"的建设社会主义新农村二十字基本方针。2014 年 12 月在北京举行的中央农村工作会议提出，"积极稳妥推进新农村建设，加快改善人居环境，提高农民素质，推动'物的新农村'和'人的新农村'建设齐头并进"。① 其中，"物的新农村"建设更侧重于基础设施等方面的硬件投入，而

---

① 董立龙：《中央农村工作会议解读——首提建设"人的新农村"意义何在》，《河北日报》2014 年 12 月 25 日。

"人的新农村"建设则更注重"人"的全面发展，以"人"的建设为核心，包括提高农民的知识、技能、经营管理能力等方面素质以及农村基本公共服务、乡土文化和农村生态文明建设等内容。党的十九大报告提出，按照"产业兴旺、生态宜居、乡风文明、治理有效、生活富裕"的新要求实施乡村振兴战略，农民作为乡村振兴的主体，更加突出了"人的新农村"的迫切性和重要性。[①]"人的新农村"的提出和发展，既丰富了新农村建设的内涵，也凸显出新时代新农村建设的新高度和新要求。通过多种措施解决农民信息不对称问题，在促进农业生产和农民增收的同时，还可以通过宣传教育和技能培训，提高农民的信息意识、信息能力、信息素质及综合素质；还可以通过通信等相关资源在农村的配置，提高农村基本公共信息服务水平，为农民提供更优的生存和发展环境；还可以通过惠农政策的制定和实施，提高农民的话语权、信息平等权、社会地位及村民自治程度。因此，解决农民信息不对称可以促进"人的新农村"建设，推进新时代中国特色社会主义新农村建设的全面发展和乡村全面振兴。

5. 解决农民信息不对称问题有利于推进城乡信息发展一体化和城乡融合发展。城乡之间客观存在的信息差距是城乡差距在信息时代的新的表现，农民信息不对称是城乡信息差距的具体体现。本书从信息需求侧和信息供给侧，对我国农民信息不对称问题进行系统地研究，有利于推动农业农村信息化建设和发展，缩小城乡之间的信息差距，促进城乡信息发展一体化和城乡融合发展。这既可以从理论上为我国相关部门的研究和决策提供理论参考，又可以从实

---

① 习近平：《决胜全面建成小康社会　夺取新时代中国特色社会主义伟大胜利——在中国共产党第十九次全国代表大会上的报告》，人民出版社2017年版，第32页。

践上为农民信息不对称和农民问题的解决提供新的思路和方法借鉴。

第二节　关于农民信息不对称问题的
国内外研究概述

一、农民信息不对称问题的国外研究发展概述

信息不对称问题是经济社会发展不平衡在社会信息化过程中产生的必然结果和体现。经济发达、发展水平高的区域和国家拥有先进的信息技术和高素质的信息人才、规模化和功能完善的信息基础设施以及良好的信息化发展环境，在信息化进程中成为信息化水平高的地区和信息富有者，享用信息化文明成果，而经济落后、贫穷或发展水平低的区域和国家则成为信息化落后、水平低的地区和弱势群体。信息不对称问题体现了经济发展水平高的发达区域、国家及其人们同经济发展水平低的贫穷落后区域、国家及其人们之间在信息技术拥有、利用以及获取信息、利用信息等方面的不平等，反映了发达地区和国家同落后地区和国家在接入网络技术方面存在的不平衡，反映了信息富有者同信息贫困者在信息占有程度上存在的不平衡以及社会生产生活中使用信息和不使用信息的不同群体在获取、利用知识能力上存在的不平衡。国外关于农民信息不对称问题的研究，虽然各国的经济发展水平、信息技术及信息产业的发展程度和信息化发展环境等方面各有不同，但各国均根据各自的国情和发展实际，以追求社会公平、保证机会均等、为所有人提供普遍的信息服务为目的，各国政府主要从法规、政策和规划、信息基础设

施、农民合作组织及信息教育等方面采取相应措施，帮助农民克服、缓解或弱化经济活动中的信息不对称问题。

1. 制定一系列相关法规、政策措施和规划，帮助缩小城乡"数字鸿沟"。美国政府通过立法和政府倡导等方式，缩小城乡"数字鸿沟"，即信息差距。例如，在网络普及和网络质量方面，制订了电信法案，为网络普及、电信服务等方面提供法律规定和保障，其中规定了电信服务应坚持可获得性、可接入性、可购性原则，倡导电信普遍服务，为此建立了"电信普遍服务基金"，确保实现城乡电信服务之"同网、同价、同质"。此外，奥巴马政府利用"普遍服务基金"进行宽带互联网的扩建升级，加强宽带的接入及宽带服务，促进信息消费。[①] 在韩国，政府强调，必须建立法律法规和制定政策制度，为信息化建设创造良好的法制环境。例如，早在 2001 年制定并于 2002 年修订的《数字鸿沟法》，推出了一系列措施以帮助在网络获取和使用方面有困难的人能够普遍地、不受限制地接入网络和网络服务。在 2004 年的"缩小数字鸿沟行动计划"中，包括：为低收入家庭学生提供计算机和网络免费接入，为农民提供信息技术教育培训项目；在 2005 年的"缩小数字鸿沟行动计划"中，包括：在农村地区建立信息高速传输网络，为处于不利条件下的公众提供信息技术教育机会，网络信息技术培训义务服务项目等，以缩小"数字鸿沟"。欧盟为消除各成员国及各国城乡之间在宽带接入方面的差异，2004 年 6 月制定了《高速连接欧洲：国家宽带战略》，推动宽带发展的战略规划，2010 年开始实施电子融合计划，以实现 100% 家庭宽带接入。此外，还制定

---

① 参见刘林森：《美国信息消费依赖"宽带"拉动》，《信息化建设》2013 年第 10 期。

优惠政策，如通过补贴或税收优惠，降低农村地区购买信息技术设备和服务费用。这些措施为缓解、弱化信息不对称，提供了有力的制度保障。

2. 加大提升信息基础设施的投入力度，为解决信息不对称问题提供物质技术基础。在美国，信息基础设施建设被称为总统工程。2009 年，奥巴马政府提出总额高达 7870 亿美元经济振兴计划。其中，72 亿美元用于宽带建设及无线互联网接入，以促进宽带普及，美国联邦通信委员会（FCC）于 2010 年 3 月向国会提交了国家宽带计划，以保证每一个美国人都能接入宽带。① 2009 年，美国停止使用模拟广播技术并对购买数字技术设备用户给予补贴。通过这些措施，美国政府希望能够大大提升国家和边缘地区信息基础设施，缩小城乡之间的"数字鸿沟"。欧盟 2010 年投入 7 亿欧元实施信息和通信技术政策支撑计划（ICT Policy Support Programme），其中的 ICT 融合与农村发展基金，为解决农村"数字鸿沟"和缓解信息不对称提供主要经费来源。韩国政府也非常重视信息化建设和基础设施建设。例如：加大投入资金，进行计算机、通信、互联网等相关领域的现代信息技术开发；通过制定《信息化促进基本法》，设立了"信息化促进基金"，促进信息化在全国的发展；在乡村和偏远地区进行信息高速公路建设，如在乡村邮局、农户和渔村建立信息终端设施，为人们提供高速互联网服务。日本政府在农村发展工作方面，非常重视农业、农村信息化工作，主要工作内容涉及制定农村信息化相关政策，加强网络基础设施建设及农业科技网络建设；此外，为提高农户的计算机普及率，政府对购买计算机

---

① 参见马文方：《美国国家宽带计划：10 年内互联 1 亿个家庭》，《中国计算机报》2010 年 3 月 22 日。

的农户通过"农业投入补助金"形式给予补贴，提供计算机使用技能方面的指导和培训。① 埃及政府也非常重视信息基础设施建设。据 2014 年 5 月 7 日的埃及《每日新闻》报道，到 2020 年，埃及需要投入"1300 亿埃镑发展通信技术基础设施建设，主要包括：提高网速、基础设施建设和为所有居民提供平板电脑和手机等设备，以实现埃及通讯和信息技术的升级"。② 这些措施为缓解、弱化信息不对称，提供了有力的物质保障。

3. 充分发挥农民合作社的功能，解决农民信息不对称问题。美国的合作社是以大农场、大农业为基础组建的跨区域合作社，以共同销售为主。一般一个专业合作社围绕一种或几种产品开展业务合作，涉及农产品的生产、加工、销售、存储、运输等一系列环节，进行品牌生产，打造自己的品牌产品，支持农户开拓市场，这样可以有效降低和缓解农户的信息不对称问题。日本的"农协"——全国性合作社组织网络庞大，服务功能全面，遍及农村，基层的农协向农户提供服务，承担农业的产前、产中、产后等服务及农民生产生活所需要的其他各项服务，可以有效解决农民生产生活中的信息不对称问题。③ 韩国的农户都加入农协，农协在城市设有农贸市场或超市，农民负责产品的种植，农协负责产品的加工和销售，如此根据市场需要进行生产，就不会出现产品滞销和信息不对称问题。④ 巴西的合作社的作用主要体现在"供应生产资料、加

---

① 孙贵珍：《河北省农村信息贫困问题研究》，河北农业大学 2010 年博士学位论文，第 5 页。

② 驻埃及经商参处：《埃及需要投入 1300 亿埃镑发展通信技术基础设施》，2014 年 5 月 14 日，见 http://eg.mofcom.gov.cn/article/jmxw/201405/20140500586674.shtml。

③ 杨丽艳：《国外农民合作社发展模式与经验借鉴》，《现代农业科技》2007 年第 13 期。

④ 东方财富网：《多地农产品出现滞销：农民称明年宁可将地撂荒》，2012 年 11 月 11 日，见 http://finance.eastmoney.com/news/1345，20121111258623686.html。

工销售农产品、提供技术服务方面",把小农户联合起来一起进行农产品的加工和贸易,提高了农户竞争力,促进了农业的产供销一体化,弱化了农民生产经营中的信息不对称。[①] 这些措施为缓解、弱化信息不对称,提供了有力的组织保障。

4. 通过信息技能培训,增强农民的相应能力。在提高农民信息能力方面,美国政府采取一系列措施,如在乡村,建立社区信息技术中心对农民进行相应的技术培训;在公共图书馆等有计算机、互联网设备的公共场所,作为信息教育的重要场所,向人们提供信息教育和信息技术培训。日本政府通过开办各类电脑培训班,对农民进行信息教育和培训,政府指派的培训人员为农民提供计算机培训服务,提高农民使用信息技术的能力。韩国政府自1998年通过"信息月"(每年的6月)每年定期为农民开展计算机培训;从2001年开始,通过"信息网络村"项目,对农民进行信息教育,帮助他们更新观念,提高他们的信息接受能力和信息分析能力。[②] 这些措施为缓解、弱化信息不对称,提供了基本能力保障。农民信息能力的提高,可以帮助他们及时地搜集、获取、利用和发布信息,提高信息拥有程度,降低或缓解信息不对称。

二、农民信息不对称问题的国内研究概述

信息网络技术的迅猛发展,为解决我国农民问题既提供了新的

---

① 谢宏宇、柳青、曾韵:《"果蔬滞销寒潮"席卷中国 看外国如何拓宽农产品销路》,2012年11月13日,见 http://www.chinadaily.com.cn/hqgj/jryw/2012-11-13/content_7489544.html。

② 孙贵珍:《河北省农村信息贫困问题研究》,河北农业大学商学院2010年博士学位论文,第5页。

契机和机遇,又带来了需要解决的新问题。城乡之间的差距在信息时代有了新的表现——城乡之间的信息差距。市场经济中,日益凸显的农民信息不对称问题就是城乡信息差距在农民生产生活中的具体体现,它严重影响了农民的增产增收,成为解决中国农民问题、"三农"问题和统筹城乡发展的重要障碍因素之一。目前,国内学术界对涉农信息不对称问题的研究多是从农产品市场、农业产业链、农村信息服务、农村治理和管理等方面来进行,概括起来主要有以下方面。

1. 关于涉农信息不对称问题的主要表现。刘会丽(2010)、李锦霞(2007)、张阳(2009)、周晓莹和李旭辉(2012)等人对涉农信息不对称问题的表现进行了分析,归纳起来主要包括:市场信息不对称,表现为农业种植信息不对称和农户与消费者之间的信息不对称;教育信息不对称,表现为农民的受教育程度、个人文化素质、信息化意识和信息利用率方面的不同;科技信息不对称,指由于信息渠道不畅通、农民辨别能力不强,一些人利用假信息、假农资骗农坑农;政策信息不对称,表现为大部分农户不了解、不会利用国家扶持农业发展的相关优惠政策,使他们的愿望和诉求不能及时表达,权益得不到维护和体现;农业信贷信息不对称,表现为农户无法从银行、信用合作社等金融机构获得农业生产所需的贷款,而金融机构不了解农户信息,也不敢为其提供贷款;农村信息服务中的信息不对称,包括农户与市场和社会之间、信息服务队伍与农户之间、农村科技信息服务部门之间、政府部门与信息服务部门之间的信息不对称。

2. 关于涉农信息不对称问题的根源和可能导致的后果进行了研究。一些学者对农民信息不对称问题产生的原因进行了分析,归纳起来主要涉及七个方面：一是缺乏及时、准确、高质量的农业经济信息源。二是农民获取信息的渠道较窄。农户多通过人际交往、报纸杂志、信息栏等传统传播渠道获得信息，小农户的生产经营决策常常是靠经验在农户之间进行有限信息交流，以互联网为代表的现代传播手段并未得到广泛利用。三是农村信息基础设施建设落后，信息传播服务体系和制度不健全，农民获得信息的难度较大。四是搜寻信息要花费较高的成本，部分农户不愿为此付出。五是现行农业生产的分散化、小规模化和低组织化等特点，使单个生产者缺少发送产品质量信息的激励，由此导致农村经济市场的信息不对称。六是各级政府在农产品市场信息服务上存在一定程度的缺位。小农户"跟风式"的生产决策，是近年来生鲜农产品产量和价格大起大落及农产品陷入"卖难"怪圈的主要原因，如果各级政府不能及时、有效地提供多层次的农产品市场信息，农户分散决策的结果就可能同市场需求相悖，出现农产品供求信息不对称问题。七是农民信息素质低，也是造成农民信息不对称问题的一个不可忽视的原因。例如，简小鹰（2007）等人分析了农户文化程度、生产活动类型对其信息需求的影响，指出农民较低的信息素质不能使信息化成果真正为农民所用。① 关于农民信息不对称问题可能导致的后果的研究，归纳起来主要有三个方面：一是农产品供给与需求失衡。农户由于不了解市场需求和供给，进行盲目种植，生产的农产品不能完全符合市场需求，导致农产品供过于求和供不应求交替出现。二是市场信用退化。信息不对称容易出现欺诈、垄断等行为，一些不良之人会趁机利用假信息、假农资欺骗和坑害农民。三是逆

---

① 参见简小鹰、冯海英：《贫困农村社区不同类型农户信息需求特性分析》，《中国农业科技导报》2007 年第 2 期。

向选择和道德风险。逆向选择是指消费者由于缺乏鉴别农产品的相
关信息，往往逆向选择价低质劣的农产品，致使农民生产的较高品
质农产品被驱逐出市场。道德风险是指农产品卖方具有较多的农产
品信息，处于信息优势，而买方则处于信息劣势，此时卖方通过损
害买方利益以实现自身利益最大化。

3. 关于解决涉农信息不对称问题的对策措施研究。涉农信息
不对称问题的解决是一项系统工程，涉及政府、信息源、市场、农
户、中介组织、生产、流通等多个领域和部门。张慧坚（2010）
认为，"消除信息不对称现象包括两方面内容：一是信息或信息服
务与信息消费者充分结合，二是信息服务的内容与信息消费需求准
确对接"。① 多数学者认为，政府在解决涉农信息不对称问题上应
起主导作用，给予大力支持。归纳起来，主要的对策措施应从以下
方面入手：第一，加强农业信息资源建设和统一管理。农业经济信
息具有很强的指导性和放大效果，既可以给农民带来巨大效益，也
会带来巨大损失。政府应统一管理农业信息资源，以指导农业生
产，调整农业产业结构，使农民从中受益。第二，加快农村信息化
建设。加快农村信息基础设施建设，创新信息技术在农业上的应
用，加快信息服务体系的不断完善，加快信息传输智能化建设，实
现传输升级，促进信息的有效传播，让农民能及时接触到市场。第
三，充分发挥农民专业合作社、农民专业协会、龙头企业等组织的
信息传递作用。张秀秀、吴启涛等人（2010）认为这些组织作为
桥梁可以把农户和政府、农户和科研机构、农户和市场联系起来，
通过对各类信息的收集和整理，可以及时、有效地向不同信息接受

---

① 张慧坚：《热区农业信息不对称的有效解决途径探讨》，《安徽农业科学》2010 年第
26 期。

者进行双向的信息传递，上下通联，实现信息共享和信息流通，有效矫正或降低信息不对称。此外，国务院发展研究中心农村部研究员崔晓黎认为，"解决菜农与市场的信息不对称，积极推进仓储物流平台建设、让产销一体化的农业合作社有效运转"，[①] 是缓解菜价大幅波动、防止"菜贱伤农"的唯一出路。第四，提高农民的信息素质。通过技术培训、经验交流、现场观摩等形式，对农民进行教育和培训，使农民认识、了解到信息的价值和重要性，提高农民的信息意识和信息能力，适时获取生产生活中需要的各类信息。

综上，当前学者对信息不对称及其相关问题的研究主要集中在资本市场、旅游市场、房地产、汽车、食品、药品、人才招聘、教育等多个领域，也取得了丰硕成果。在所查阅的相关文献中，关于农民信息不对称问题的研究相对较少，相关研究比较零散、不系统，多体现在农村集贸市场、农民工权益、农民专业合作社融资、农产品质量安全、农村经济发展等方面的信息不对称。本书借鉴国内外关于解决农民信息不对称问题的相关研究成果和经验，立足城乡社会全面、共同发展视阈，从中国社会发展现实出发，基于信息需求侧和信息供给侧，对中国农民信息不对称问题进行系统研究，为农民信息不对称问题及农民问题的研究和解决，提供新的研究思路及可操作方法，为国家及有关部门相关决策的制定提供参考，对解决农民问题、缩小城乡差距和统筹城乡和谐发展，具有重要的价值和现实意义。

---

① 刘志洁：《崔晓黎：菜贱伤农何解》，2011 年 4 月 25 日，见 http：//jingji.cntv.cn/20110425/111212.shtml。

第三节　研究思路和成果内容简介

本书遵从"提出问题——分析问题——解决问题"的逻辑思路展开，内容分为四部分、七章。

第一部分是关于研究基本问题的概述，就是对"农民信息不对称"问题进行描述和界定，包括第一章导论和第二章研究的基本概念和理论基础。主要是介绍问题研究的背景和意义，对国内外相关研究进行评述，在此基础上，界定基本概念，阐述研究的主要理论基础，为正确结论的得出提供理论指导。第二部分是对农民信息不对称问题的客观评价，即第三章中国农民信息不对称问题评析。主要是通过对城乡之间以及东中西部东北地区之间的信息化相关因素的对比分析，对农民信息不对称问题进行评析，同时分析评价农民信息不对称的不利影响。第三部分是关于农民信息不对称问题的原因分析，包括第四章信息需求侧中国农民信息不对称问题成因分析和第五章信息供给侧中国农民信息不对称问题成因分析。主要是利用相关模型，从农民信息需求侧和涉农信息供给侧探究农民信息不对称问题产生的原因。第四部分是关于农民信息不对称问题的对策研究，包括第六章从信息需求侧解决中国农民信息不对称问题的对策措施和第七章从信息供给侧解决中国农民信息不对称问题的对策措施。该部分主要是在第三部分原因分析的基础上，结合社会现实，分别从信息需求侧和信息供给侧，提出解决我国农民信息不对称问题的对策措施。

本书的基本框架见图 1-1。

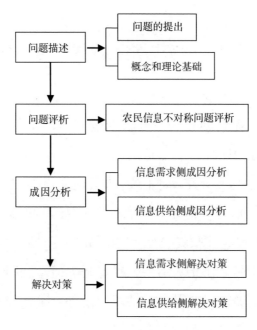

图 1-1　研究的基本框架

本书的主要内容如下：

第一章，导论。主要介绍关于农民信息不对称问题研究之研究背景、研究意义、研究思路、研究主要内容和研究方法，对国内外关于解决农民信息不对称问题的相关研究成果、实施措施及文献资料进行评述，阐明解决农民信息不对称问题的必要性和重要性，指出解决农民信息不对称问题为新时代解决我国农民问题提供新的研究思路、研究角度和切入点，农民信息不对称问题的解决有利于农业产业结构的合理调整和农业增产增效，有利于改善农村民生，有利于推动"人的新农村"建设以及促进"人的新农村"建设和"物的新农村"建设同步发展，有利于推进城乡信息发展一体化，促进城乡和谐发展。

第二章，农民信息不对称问题研究的基本概念和主要理论基础。针对研究问题，对"信息""信息不对称"和"农民"等概念进行分析，在此基础上对"农民信息不对称"进行界定；基于此，介绍本书的主要理论基础，主要有信息不对称理论、信息需求与供给理论、信息管理理论和公共产品理论，为本书提供理论指导及方法支持。

第三章，中国农民信息不对称问题评析。主要运用对比分析方法对农民信息不对称问题进行评析。首先，在城乡信息化相关因素对比的基础上，对农民信息不对称问题进行评析，表明农村居民比城镇居民更容易产生信息不对称问题、信息不对称问题更突出。其次，在东中西部东北地区信息化相关因素对比的基础上，对农民信息不对称问题进行评析，表明东部地区农民的信息不对称问题明显比中西部和东北地区农村弱，中西部地区特别是西部地区的农民信息不对称问题更为突出。最后，对农民信息不对称问题的表现及其不利影响进行评析。农民信息不对称问题主要表现于农民在进行农产品和农用物资的交易中以及农民在进行生产或经营决策过程中，农民信息不对称会导致农产品市场失效、农业产业结构不合理及农民利益受到损害等一系列不利的影响。

第四章，信息需求侧中国农民信息不对称问题成因分析。首先，分析农民的信息需求及其状态，在信息需求的不同状态下，农民的信息需求处于不同的程度，对信息的占有程度和信息的不对称程度亦不相同。其次，结合对黑龙江、河北、海南、安徽、河南、云南、内蒙古等7省份农民的相关调查，分析农民的信息素养。调查统计结果表明，农民整体上的信息意识缺乏、信息能力普遍偏低，信息素养偏低，导致对所需信息的掌握比较贫乏，这是造成农民信息不对称的一个重要原因。最后，基于经济学意义的信息需求，分别利用 Logit 模型和扩展线性支出系统（ELES）模型建立农民的信息购买意愿模型和信息购买能力模型，从信息需求侧寻找农民信息不对称的原因。模型分析结果表明：农民的整体信息购买意愿较低，是造成农民不具有信息优势、导致信息不对称问题产生的直接原因；农民信息购买力低下也直接诱发农民信息不对称问题的产生。

第五章，信息供给侧中国农民信息不对称问题成因分析。首先，分析涉农信息供给及其一般环节、涉农信息供给主体、涉农信息供给的影响因素及主要模式。涉农信息供给一般环节由涉农信息生产（包括信息源的确定、信息采集、信息加工、信息产品的存储和信息产品的应用反馈等）和涉农信息传播（包括信息的发送、传递、接收和反馈等）构成；涉农信息供给主体包括各级政府、涉农事业单位、涉农企业和 IT 企业、农民合作组织和涉农信息服务的个人等；影响涉农信息供给的因素主要有农民的信息需求、涉农信息产品（包括服务）的供给成本和价格、信息技术水平、涉农信息供给人员的素质和政府的监督和管理等方面；涉农信息供给模式概括起来主要有三种：政府扶持型模式、农民社团组织引领型模式和市场牵引型模式。其次，从农民认知视角，结合对涉农信息供给方面的调查，从涉农信息的供给、涉农信息供给环境和涉农信息供给主体等方面分析涉农信息供给。分析结果表明：涉农信息供体所供给的涉农信息数量不足、质量不高，不能有效满足农民信息需要；当前通过互联网、农民组织、涉农信息机构和相关企业等渠道供给的涉农信息在一定程度上不符合农民的信息需求，农村信息市场发展缓慢，农村基础设施整体上比较落后，制约了涉农信息的有效供给；当前涉农信息供给主体在涉农信息供给方面的资金投入

20

整体上不足，村级的信息服务站、农民合作社或农业协会等农民自助组织较少，农村信息员缺乏，各信息供给组织及其提供的技术培训等活动或服务较少，加之与农民的实际需要存在较大差距，这些在一定程度上均影响着涉农信息的有效供给，导致所提供的信息不能满足农民的实际需要，使农民处于信息劣势地位，导致农民信息不对称。最后，分别建立政府和农民的不完全信息动态博弈模型、涉农信息供给中介组织和农民的不完全信息动态博弈模型，从信息供给侧寻找农民信息不对称问题产生的原因。模型分析结果表明：基层政府对涉农信息供给的管理状况和涉农信息供给中介组织供给信息的质量，影响着农民是否选择连续利用信息，如果涉农信息管理不善、供给信息差、农民自身利益不能保障，农民就不会选择连续利用信息，农民信息不对称就会逐渐恶化。

第六章，从信息需求侧解决中国农民信息不对称问题的对策措施。在"信息需求侧中国农民信息不对称问题成因分析"的基础上，依据对农民的信息意识现状、农民的信息能力现状和农民的信息购买力现状的分析，提出解决农民信息不对称问题的相应对策。1. 增强农民信息意识方面的对策主要有：加强信息及其作用的宣传、教育，提高农民对信息的敏感度；大力宣传介绍农民运用信息的成功事例，提高农民获取、传播、利用信息的意识；发展农村信息文化，为提高农民信息意识创造良好的人文环境。2. 提高农民信息能力的对策主要有：加强农民的信息及信息技术基本知识教育；通过计算机基本技能培训、网络技能培训和手机利用技能培训等形式，加强农民的信息技能培训；利用"任务驱动"型信息实践活动，加强对农民的信息实践指导。3. 提高农民信息购买力的对策主要有：增加农民的纯收入，提高农民的信息购买力；加大对农村地区的教育、医疗、社保等方面的公共财政投入，可以相对地增加农民收入，提高农民的信息购买能力；加强农民专业合作经济组织的培育，有利于信息交易成本的降低，增大信息使用的规模效益，在一定程度上可以提高农民的信息购买力。

第七章，从信息供给侧解决中国农民信息不对称问题的对策措施。在"信息供给侧中国农民信息不对称问题成因分析"的基础上，针对涉农信息生产方面和涉农信息传播方面存在的主要问题，分别从涉农信息生产和涉农信息传播两个方面提出解决农民信息不对称的对策。1. 在涉农信息生产方面，存在的主要问题有：社会对涉农信息生产重要性的认知不到位；缺乏满足农民信息需求的涉农信息产品；涉农信息生产管理水平不高，信息资源不能共享；复合型涉农信息人才不足。从涉农信息生产方面解决农民信息不对称问题的对策主要有：（1）强化和发挥政府的主导作用，积极引导、鼓励 IT 企业、科研院所、大专院校、农民合作社等社会力量的参与，提高社会对涉农信息生产重要性的认知和重视程度，加强社会对涉农信息生产的关注、支持和投入。（2）根据农民信息需求的优先顺序和信息需求强度以及农民的生产实际，生产完整的涉农信息产品，满足农民信息需要。（3）发展和利用农业农村大数据，进行涉农信息资源的有效开发和涉农信息资源的整合与共享，提高涉农信息生产管理水平和信息资源共享。（4）根据涉农信息生产发展的需要及其对涉农信息生产人员素质的要求，创新人才培养模式，建立多层次、复合型的涉农信息专业人才培养体系。2. 在涉农信息传播方面，存在的主要问题有：农村宽带网络基础设施建设滞后，互联网普及率不高，多数农民用不上、用不起网络的现象普遍存在；在涉农信息服务中，政府的市场信息公开职能缺位，缺乏对农民生产经营的必要引导；农民通过互联网渠道获取、发布涉农信息的能力不高；涉农信息传播的反馈机制不健全，农民的信息反馈意识缺乏、反馈渠道有限；涉农传播的相关法规制度不完善。从涉农信息传播解决农民信息不对称问题的对策主要有：（1）通过加大政府对农村宽带网络建设的资金投入和政策支持、因地制宜推进农村宽带网络建设的协调发展、降低农村宽带网络资费等措施，加快农村宽带信息基础设施建设，提高农村互联网的普及率和利用率。（2）发挥政府职能，促进市场信息公开。（3）基于"互联网+"，加强各类涉农信息网络服务平台建设和农民手机、计算机应用技能培训，加快涉农信息传播的发展和应用，提高农民的互联网利用能力。（4）树立"以农民为本"的涉农信息传播理念，提高农民的信息反馈意识和反馈能力，建立健全涉农信息传播的反馈机制，提高涉农信息传播效果。（5）建立健全涉农信息网络传播的相关法律法规，为涉农信息传播提供健康的网络环境。

第四节　研究方法和数据来源

一、研究方法

在历史唯物主义和唯物辩证法的指导下，借助于政治学、社会学、计量经济学和统计学等多学科的工具和方法，在对中国农民信息不对称问题进行评析的基础上，分别从信息需求侧和信息供给侧分析中国农民信息不对称问题产生的原因，以此为依据，结合涉农信息需求和供给存在的主要问题以及农业农村信息化和社会发展实际，从农民信息需求侧和涉农信息供给侧，提出农民信息不对称问题的解决对策，以期为解决中国农民信息不对称问题提供可供参考的政策性建议和可操作性的方法。

本书采取了多种研究方法，主要有：1. 文献研究方法和调查研究方法相结合，通过文献法获得研究所需的相关文献和统计数据资料，通过实地调查掌握研究的一手资料；2. 实证分析和规范分析相结合，以规范分析为基础，以实证分析为主，强调实证分析工具的运用；3. 定性分析与定量分析相结合，更注重定量分析；4. 对比分析方法。

二、数据来源

本书使用数据的主要来源，一是政府部门所提供的公开数据，如历年的《中国统计年鉴》《中国农村互联网发展状况调查报告》《中国互联网络发展状况统计报告》等；二是实地调查所获得的一手统计数据。

第二章　农民信息不对称问题研究的相关概念和理论基础

第一节　研究的相关概念

一、信息

20 世纪中叶以来的信息革命，带来了席卷全球的信息化浪潮，使人们的生产方式、生活方式和交往方式产生了巨大改变。在从工业经济到信息经济、工业社会到信息社会、工业文明到信息文明的动态演进过程中，"信息"逐渐成为影响人们生产生活的重要因素，成为社会生活不可或缺的要素。"信息"一词在我国最早出现于唐·李中《暮春怀故人》一诗，在其"梦断美人沉信息，目穿长路倚楼台"中"信息"一词有"消息、音讯"的意思。[①] 英文"信息"（information）一词，源于拉丁文"information"，指一种陈述、解释或理解，其含义是情报、资料、消息、报道、知识等的意思，在许多场合中和"消息（message）"可相互通用。随着科学的不断发展，人们认识到了信息的科学价值和重要性，开始对信息进行科学的研究。

---

① 汉典：《信息》，见 http://www.zdic.net/c/1/14c/329391.htm。

1. 信息的界定

"信息"在不同研究领域有不同的界定。在通信研究中，信息被看作是通信符号。信息论的创始人美国数学家克劳德·艾尔伍德·香农（Claude Elwood Shannon）认为"信息是用来减少随机不定性的东西"。意即，信息是确定性的增加，可以帮助人们消除对事物了解的不确定性，提高对事物的认识程度，做出正确的决策和行动。香农在1948年发表的《通信的数学原理》一文中，以概率论为工具描述了信息消除人们对事物了解的不确定性就是一个熵[①]减少的过程，并用概率的形式给出了信息的定义和信息量的计算公式。

假设有一个信源，可以产生的独立消息数为 n，各消息的概率分别为 p_1，p_2，$\cdots$，p_n，满足条件：$\sum p_i = 1$（$0 \leqslant p_i \leqslant 1$；$i = 1$，$2$，$\cdots$，$n$）

那么，该信源具有的信息量为：$H = -K \sum p_i log p_i$（p_i 为第 i 个消息出现的概率）

式中，H 为信息量；K 为常数，当对数取以 2 为底时，则 K=1。

香农经过研究发现，每个消息平均信息量的计算公式与热力学中关于熵的公式完全一样。因此，他把热力学熵的公式引进来作为信息的量度。在热力学中，熵大表明系统的混乱程度大。在信息论中，信息量大表明消息中能够消除的不确定性愈大，系统的有序性增加，无序性减少。

控制论的创始人美国数学家诺伯特·维纳（Norbert Wiener）认为"信息是人们在适应外部世界，并且这种适应反作用于外部

---

① "熵"是一个热力学概念，指的是体系的混乱的程度。熵增加表示体系的秩序更加混乱，熵减少表示体系的有序化程度提高，即体系更加有序。

世界的过程中，同外部世界进行互相交换的内容的名称"，① 这一定义指出信息是我们对外部世界进行控制的基础。此外，他还认为"信息就是信息，既非物质，也非能量"，把信息与物质、能量清楚地区分开来，揭示了信息本质的方向，说明信息是一类独立的研究对象，同物质、能量处于相互并列的地位，它以物质、能量为载体，但不是物质也不是能量。

我国信息专家钟义信认为应该从纯客观和使用者两方面来界定信息概念，从纯客观方面，认为"信息，是事物运动的状态和方式"；从使用者方面，认为"信息是关于事物运动的状态和方式的广义知识。"② 这种观点是有道理的。唯物辩证法告诉我们，一切物体都处在永不停止的运动之中。事物运动的普遍性和无穷性决定了信息的普遍性和无穷性，同时人们知识和认识的有限性决定了对事物运动状态和方式的认识上的不确定性，而这种不确定性的消除只能是事物运动的状态和方式本身以及人们对这种状态和方式的认识。基于此，可以概括出对信息概念的哲学表述。

从哲学角度看，信息是"客观世界中各种事物的运动状态和变化的反映，是客观事物之间相互联系和相互作用的表征，表现的是客观事物运动状态和变化的实质内容"。③ 从本体论上，这说明信息是客观存在的事物及其关系所固有的属性；从认识论上，信息是主体所感知或表述的事物存在的方式和运动状态。事物的信息只有被认识主体获取、接受，内化为主体对事物的了解和认知，用以指导主体的行为活动，消除行为活动中的不确定性，才使信息具有

---

① 百度百科：《信息》，见 http：//baike. baidu. com/view/1527. htm？fr＝aladdin。
② 张姣芳：《从信息到发财致富》，中国社会出版社 2006 年版，第 3 页。
③ 百度百科：《信息》，见 http：//baike. baidu. com/view/1527. htm？fr＝aladdin。

了认识意义和价值。

2. 信息的特征

（1）客观性。信息是客观事物存在方式和运动变化的客观反映，这是不以人的意志为转移的。任何信息都反映一定的客观事实，客观、真实是信息的最基本的特征。

（2）可传递性。信息只有借助于一定的载体（或媒介），通过一定形式的传递，才能被人们感知和接受。没有传递就不会有信息。语言、表情、动作、报刊书籍、广播、电视、电话等是常用的信息传递方式。传递的载体不同，信息传播的形式、速度和效果亦不相同。

（3）时效性。这是信息的最大特点。事物处在不断的运动、变化之中，反映事物的信息亦随事物的变化而变化。信息千变万化、稍纵即逝。信息的功能、作用、价值和效用会随着时间的延续而发生改变，一个信息若超过了其价值的使用期限，就会贬值，甚至毫无用处。信息的时效性体现了信息的时间价值和经济价值的统一性。

（4）有用性。人们通过对信息的把握，可以减少或消除对外界事物的不确定性，有效地认识和改造事物。市场经济中，信息可以减少或消除生产经营中的风险和不确定性，有利于增加生产经营收益、促进经济增长、改善人们生活和促进社会全面发展。

（5）可处理性。指信息可以被加工、传输和存储，特别是经过分析、综合、加工整理和提炼后，便于传递、识别、控制和利用，增加其使用价值和效用。这是因为信息具有脱离母体而存在的能力，可以在时空中进行转移；信息是事物运动的状态和方式，可以负载在其他一切可能的物质和能量形式上。

（6）可共享性。这是信息区别于物质和能量的一个重要特征。信息是不守恒的，并不会因为信宿获得了信息而使信源失去相当信息。因此，信息通过共享，不仅不会产生损耗，而且还可以进行广泛的扩散和传播，使更多的人受益。

二、信息不对称

信息不对称（asymmetric information）一词由美国经济学家肯尼斯·约瑟夫·阿罗（Kenneth Joseph Arrow）于 1963 年首次提出。1970 年，美国经济学家乔治·阿克洛夫（George A. Akerlof）发表了《柠檬市场[①]：质量不确定性和市场机制》一文，该文以二手车市场为例，对信息不对称作了进一步阐述，指出在二手车市场中，卖家比买家拥有更多的信息，买家拥有较少的信息，为了降低和避免由此带来的风险和损失，就会打压价格，价格过低的情况下，卖家就会惜售高质优质产品，最终导致整个市场崩溃，或者市场萎缩，以至于低质量产品充斥市场，高质量产品被驱逐出市场。1972 年，美国经济学家迈克尔·斯彭斯（Michael Spence）在其博士论文《劳动力市场信号发送：劳动力市场的信息结构及相关现象》中，以劳动市场为例，创新性地研究了在信息不对称的情况下，具备信息优势的一方为了克服信息不对称带来的困惑，就会根据拥有的信息进行策略性行动决策，通过付出一定成本的行为向其他人和外界传递信号。他通过研究，"提出了斯宾塞—莫里斯条件，将人的能力和学历挂钩，得出结论：学历可以显示一个人的能力"。[②]据此，雇主也会根据这个信号区分不同能力的人，做出取舍雇员的

---

　　① 柠檬一词在美国俚语中指次品或不中用的东西。柠檬市场，即次品市场或低质量产品市场，是指市场上当产品的卖方对产品的质量比买方拥有更多的信息时，低质量的产品会不断将高质量的产品驱逐出市场，低质量产品不断占领市场，市场整体质量水平不断下滑。

　　② 互动百科：《信息不对称》，见 http://www.baike.com/wiki/%E4%BF%A1%E6%81%AF%E4%B8%8D%E5%AF%B9%E7%A7%B0。

决策，决定其应得报酬等级。美国经济学家约瑟夫·斯蒂格利茨（Joseph Stieglitz）以保险市场为例，从相反的角度研究交易双方的信息不对称，指出缺乏信息的一方可以针对某项具体的交易，向拥有信息优势的一方提出各种相互替代的合同以供选择，从而可以间接地获取信息。保险公司可以提供各种保单、保险条款，以区分投保人的风险偏好，并将其按风险等级分类。

综上所述，信息不对称是指在市场交易过程中的各方拥有的信息不同，即交易双方对信息的掌握处于不均衡状态。通常，卖家比买家拥有更多关于交易物品的信息，但反例也可能存在。一般而言，"掌握信息较充分的一方，常处于较有利的地位；而信息贫乏的一方，则处于较不利的地位"。[①]

三、农民信息不对称

在古汉语中，"农民"一词始见于战国。在《春秋穀梁传·成公元年》中，有"古者有四民。有士民，有商民，有农民，有工民。即士农工商四民"。[②]《吕氏春秋》则谈到"古圣之重农民"，"农民无有所使于季冬"。从这些典籍中，可以看出"农民"一词已经有了职业和身份等级的双重含义：一是与"士、工、商"相区别的一种职业，二是受人役使的"下等人"。随着中国社会的发展，"农民"一词的内涵和外延都发生了变化，农民概念具有多方面、多层次的规定。

首先，从职业角度，作为一种职业，农民是指直接从事农业生

---

① 互动百科：《信息不对称理论》，见 http：//www. baike. com/wiki/% E4% BF% A1% E6%81%AF%E4%B8%8D%E5%AF%B9%E7%A7%B0%E7%90%86%E8%AE%BA。

② 汉典：《农民》，见 http：//www. zdic. net/c/c/e9/238424. htm。

产的劳动者。这是传统农业社会沿袭的基本看法。例如,《说文解字》中有"农者,耕也、种也";《汉书·食货志》中有"辟土植谷者曰农";在美国学者埃弗里特·M. 罗杰斯和拉伯尔·J. 伯德格的《乡村社会变迁》一书中提出"谁是农民"的问题,指出"农民是农产品的生产者和传统定向的乡下人,他们一般比较谦卑,大多是自给自足的(虽然并非完全需要),就是说他们生产的粮食和其他东西,大部分是自己消费的。因此,农民与自给自足的农业生产者是一个意思"。①

其次,从个人身份角度,农民作为一种户籍身份,具有农业户口,生活在农村,以"乡下人"角色与"城里人"相比较,受着一种"二等公民"莫名的歧视。中国的户籍制度严格地限定了农民身份,他们被束缚在土地上,形成了农民与土地的自然联系,导致农民的生产生活方式相对固定不变。中国改革开放40多年来,带来了中国户籍制度的改革,取消农业户口与非农业户口性质区分,统一登记为居民户口,建立城乡统一的户口登记制度。由此,"农民"作为一种户籍身份,将随着中国户籍制度的改革逐渐消失。2014年7月国务院印发《关于进一步推进户籍制度改革的意见》,指出"到2020年,基本建立与全面建成小康社会相适应,有效支撑社会管理和公共服务,依法保障公民权利,以人为本、科学高效、规范有序的新型户籍制度"。②

再次,从阶级角度,随着阶级社会的产生和发展,农民又是一个阶级,是没有土地或只占有少量土地的农民利益群体,一般与地

---

① 〔美〕埃弗里特·M. 罗杰斯、〔美〕拉伯尔·J. 伯德格:《乡村社会变迁》,王晓毅、王地宁译,浙江人民出版社1998年版,第321页。

② 《国务院关于进一步推进户籍制度改革的意见》,2014年7月30日,见http://www.gov.cn/xinwen/2014-07/30/content_2726848.htm。

主阶级相对立。新中国成立后，实现"耕者有其田"，农民成了国家的主人，同工人阶级和其他社会阶层一道成为了社会主义的劳动者和建设者。

最后，从文化范式角度，农民对土地的历史依恋性积淀在其思想深处，形成了农民的文化观念和文化范式，土地的区域性和地块性也导致其文化的局限性和封闭性。传统农民的价值观念主要表现在，"务实思想和狭隘的功利观念、团体本位和个性的压抑、坚忍不拔的进取精神和安贫乐道的保守心理、眷恋故土情感和自我封闭观念、强调人际和谐和轻视竞争、均平思想与特权理念共存一体、重义轻利与追求功义并存、勤俭节约与正直诚实"① 等。社会主义市场经济条件下，农民思想意识不断解放，价值观念也发生了变化，逐步树立了开放观念、市场观念、竞争观念和信息观念，而法制观念、平等观念、契约观念等也都逐渐为现代农民认同和确立。

综上所述，根据当前中国经济社会的发展，把农民的概念界定为：农民是指长期生活居住在农村，直接从事种植、养殖等农业生产并以此作为主要经济来源、与土地有着天然联系的社会劳动者。

根据文中关于"信息""信息不对称"及"农民"概念的阐述和界定，本书把农民信息不对称归结为：农民信息不对称是指长期生活在农村、从事农业生产经营的劳动者，在农业生产经营及生活中，由于对相关信息掌握得不充分，而处于劣势地位的一种客观状态。由于农民信息不对称问题在农业生产经营中表现得更为突

---

① 秦兴洪、廖树芳、武岩：《中国农民的变迁》，广东人民出版社1999年版，第301—305页。

出，因此本书主要针对农业生产经营中存在的农民信息不对称问题进行研究，通过对农民信息不对称问题的系统研究，探究解决或缓解农民信息不对称问题的对策措施。

第二节　研究的主要理论基础

一、信息不对称理论

信息不对称理论是由美国三位经济学家——乔治·阿克洛夫、迈克尔·斯彭斯、约瑟夫·斯蒂格利茨于 20 世纪 70 年代共同提出，三人并由此成为 2001 年度诺贝尔经济学奖得主。信息不对称理论认为，"市场中卖方比买方更了解有关商品的各种信息；掌握更多信息的一方可以通过向信息贫乏的一方传递可靠信息而在市场中获益；买卖双方中拥有信息较少的一方会努力从另一方获取信息；市场信号显示在一定程度上可以弥补信息不对称的问题；信息不对称是市场经济的弊病，要想减少信息不对称对经济产生的危害，政府应在市场体系中发挥强有力的作用。这一理论为很多市场现象如股市沉浮、就业与失业、信贷配给、商品促销、商品的市场占有等提供了解释，并成为现代信息经济学的核心，被广泛应用到从传统的农产品市场到现代金融市场等各个领域。"它表明，市场交易活动中，交易各方对有关信息的占有和了解存在差异，"掌握信息较充分的一方，常处于较有利的地位；而信息贫乏的一方，则处于较不利的地位"。[①]

---

① 互动百科：《信息不对称理论》，见 http://www.baike.com/wiki/%E4%BF%A1%E6%81%AF%E4%B8%8D%E5%AF%B9%E7%A7%B0%E7%90%86%E8%AE%BA。

与拥有完全信息的"经济人"假设不同，信息不对称理论的创新和贡献在于"使用不对称信息进行市场分析"。在现实的市场经济活动中，"市场主体不可能占有完全的市场信息，而是处于信息不对称状态，这必然导致信息掌握者为牟取自身更大的利益使另一方的利益受到损害，这种行为在理论上就称作道德风险和逆向选择。"① 在信息具有价值的基础上，上述三位经济学家为减少或避免道德风险和逆向选择发生或者降低信息搜寻的成本，通过建立激励机制和信号传递机制，提高资源配置效率，提出了信息不对称理论，并在各领域的应用实践中得到验证。

逆向选择，指的是这样一种情况，"市场交易的一方如果能够利用多于另一方的信息使自己受益而对方受损时，信息劣势的一方便难以顺利地做出买卖决策，于是价格便随之扭曲，并失去了平衡供求、促成交易的作用，进而导致市场效率的降低"。② 乔治·阿克洛夫在 1970 年发表的《柠檬市场：质量不确定性和市场机制》一文中，以二手车市场为例，建立了次品车市场的"柠檬"模型，阐明了由买卖双方信息不对称而导致的"逆向选择"。即，在次品车市场，卖主比买主更了解次品汽车的质量，卖主会高价出售，以次充好；而买主不了解车的质量，只愿意根据车的平均质量出价购买；在二手车的任一价位，只有质量最差的次品车卖主最急于将车卖出，这样出售的汽车绝大多数可能是次品车；如此下去，次品车将质量不太差的车挤出市场，质量不太差的车又将比之质量好的车挤出市场，以此类推，最终质量差的破烂车充斥市场卖不出去，将

---

① 胡希宁、步艳红：《"信息不对称"与经济学的理论创新——2001 年度诺贝尔经济学奖理论述评》，《光明日报》2001 年 11 月 20 日，见 http：//www.china.com.cn/chinese/OP-c/77996.htm。

② 百度百科：《逆向选择》，见 http：//baike.baidu.com/view/130865.htm？fr=aladdin。

不会有任何市场存在。① 逆向选择理论能够解释为什么假冒伪劣产品充斥市场——是因为交易双方的信息不对称，一方隐藏了信息；也说明如果不能建立一个有效的机制遏止假冒产品，会使假冒伪劣泛滥，形成"劣币驱逐良币"的后果，甚至市场瘫痪。

道德风险是指在信息不对称的情况下，"从事经济活动的人在最大限度地增进自身效用的同时做出不利于他人的行动"，或者"当签约一方不完全承担风险后果时所采取的使自身效用最大化的自私行为"②。从委托—代理理论出发，"道德风险是指契约的甲方（通常是代理人）利用其拥有的信息优势采取契约的乙方（通常是委托人）所无法观测和监督的隐藏性行动或不行动，从而导致的（委托人）损失或（代理人）获利的可能性。"③

信息不对称理论指出了信息对市场经济的重要性和重要影响；揭示了市场体系中的缺陷，即完全依靠市场机制不会带来最优效果；指出了在市场经济运行中要加强政府的职能和作用。信息不对称理论，指明了市场经济中，信息不对称存在的客观性、长期性及其解决的必要性，为解决中国农民信息不对称问题，特别是发挥政府职能，促进市场信息公开方面，具有重要的理论指导价值。

二、信息需求和供给理论

信息市场是伴随信息商品和信息产业的出现和发展而兴起和发展的。信息市场中流通的主要是知识、信息产品和各类智力型服

---

① 参见乔治·阿克洛夫：《柠檬市场：质量不确定性和市场机制》，《经济导刊》2001年第6期。

② 黄家寿、黄声兰、陈云飞：《道德风险理论在农业产业信息化过程中的运用》，《热带农业工程》2008年第2期。

③ 百度百科：《道德风险》，见 http://baike.baidu.com/view/62012.htm? fr=aladdin。

务。信息需求和信息供给是信息市场研究的主要内容。

信息社会，信息需求作为人们生产生活的一种基本需求，是分层次的。科亨把用户的信息需求状态划分为"客观状态、认识状态和表达状态"，信息从客观状态到表达状态的过程，就是潜在信息需求转变为现实信息需求的实现过程。[①] 从经济学角度，信息需求"是指信息消费者在一定价格条件下对信息商品的需要"，它需要同时具备两个条件——信息消费者有购买欲望；信息消费者有支付能力。[②] 一旦信息需求者意识到自身的信息需求，就会在此支配下产生相应的信息行为，可见信息需求是信息消费的动力所在。

影响信息需求的内在因素主要有：需求动机、信息素养和收入水平。信息需求与信息需求者的需求动机及其信息素养有直接关系。信息需求者的需求动机是其在对信息及其价值有一定认知的基础上，期望通过一定方式获得所需相关信息，用于减少和消除生产生活中面临的风险和不确定性而产生的一种心理意愿，是激发信息需求者信息需求的内源动力，需求动机愈强，需求者的购买欲望也就愈强，信息需求者的信息素养愈高，其对信息的认知愈明确，需求动机和信息购买意愿也就愈强。信息需求者的收入是影响其信息需求的重要因素，信息需求是一种较高层次的需求，在收入一定的情况下消费者在满足基本生活需求之后才会进行高层次需求的消费，如果信息需求者的收入不足以使其进行信息消费，虽然他有信息购买欲望，信息需求也无法达到满足。因此，需求者的收入水平

---

① 王栓军、孙贵珍：《基于信息需求状态的农民信息不对称分析》，《河北软件职业技术学院学报》2012 年第 4 期。
② 马费成编著：《信息经济学》，武汉大学出版社 2012 年版，第 156 页。

对信息消费的影响最大，信息商品是一种收入弹性大于 0 的正常品，即随着收入的增加信息消费亦增加。此外信息需求者信息需求的实现除了上述自身因素影响之外，还受到外部因素的影响，如信息商品的质量和价格、信息商品的互补品的价格、获取信息的途径和手段、信息部门的服务能力、信息市场的发育程度、社会的经济发展水平及科学技术水平等。

信息供给就是向信息用户提供信息。从经济学角度，信息供给"是指信息企业、信息营销部门或信息经纪商在一定时期内以一定价格向信息市场提供信息商品"，信息供给需要同时具备两个条件——信息供给者愿意出售；在一定价格下信息供给者有能力出售。①

影响信息供给的因素主要包括：信息人才、信息生产和管理、信息市场发育程度、信息供给政策和法律环境以及信息成本和价格等。如果信息高素质人才多，信息生产效率高、管理完善，信息市场发育良好以及有良好的信息供给政策支持和法律保障，信息供给者的供给意愿就高，而同时如果信息产品及服务的成本低价格高，信息商品供给量就会增加；反之则反之。

信息作为生产要素或经济决策的基础，对经济活动的影响越来越大。目前，我国信息市场特别是农村信息市场发育相对滞后，加快农村信息市场培育，促进涉农信息有效供给，不断满足农民信息需求，可以有效地缓解农民信息不对称问题。因此，以信息需求和供给理论为指导，对农民的信息需求和涉农信息供给进行系统研究，对解决农民信息不对称问题具有重要的意义。

---

① 马费成编著：《信息经济学》，武汉大学出版社 2012 年版，第 170 页。

三、信息管理理论

信息管理就是指人们对"信息活动的各种相关因素（主要是人、信息、技术和机构）进行科学的计划、组织、控制和协调，以实现信息资源的合理开发与有效利用的过程"[①]。信息管理以信息资源和信息活动为对象，根本目的在于控制信息流向，实现信息的效用与价值。

1. 信息管理原理

在信息管理中，信息资源作为信息管理之研究对象，是信息生产者、信息技术和信息三者的有机结合体，即信息生产者运用一定的信息技术对信息进行处理和管理；信息活动作为信息管理之研究对象，是围绕信息资源搜集整理、传输、利用而展开的管理及服务活动（包括资源形成、开发、利用）。[②] 为有效进行信息管理，实现信息管理的目的，信息管理活动需要遵循以下的基本原理：第一，信息增值原理。这一原理旨在实现信息管理之目的——实现信息的价值，主要包括信息数量和质量的增值，指对信息进行采集和加工，使之由无序信息变为有序信息，实现质和量的增值，通过对信息的掌握和利用能够降低、消除人们生产、决策中的不确定性，以满足用户信息需求。第二，信息服务原理。这一原理体现了信息管理的本质内容——提供信息服务，信息管理活动的所有过程、手段和目的都必须围绕用户信息满足程度为中心转动，信息资源建设的每一环节都是为了提高信息的可获得性、可用性。第三，信息增效原理。这一原理旨在实现信息管理之目的——实现信息的效用，建设、开发、利用信息资源的目的就是提高信息的效用，将增值了

---

① 360百科：《信息管理》，见 https：//baike. so. com/doc/6083875-6296977. html。

② 参见360百科：《信息管理》，见 https：//baike. so. com/doc/6083875-6296977. html。

的信息、信息资源渗透到人们的生产决策中，有利于实现人们行动的目的、提高行动的效率。[①] 信息管理是现代社会节约成本、提高效率、实现可持续发展的有效手段。

2. 信息行为理论

人的行为都是由需要引起的，一定的信息需要必然引起一定的信息行为，信息行为的产生需要信息需要的支配，信息需要是信息行为产生的动机。在信息需要的支配、引导下，信息用户就会根据自身实际情况产生信息查询、选择、利用等一系列信息行为。信息用户的信息查询行为是指信息用户在一定的环境下，根据具体情况，通过个人途径、信息人员、一定的信息技术和设备等中介系统，查询所需信息的行为，并受到个人的心理特征、信息素质及社会组织团体、信息环境等因素的影响。信息用户的信息选择行为是指用户遵循"符合需要"的基本原则，根据"相关性和适用性"的标准，结合自身信息需要，从查询、搜集到的信息中筛选出符合要求的信息，以确保信息在决策中的有效性和针对性。信息利用行为是信息行为的最后环节，就是把通过查询、选择所获得的信息用于生产经营和决策中，降低风险、消除不确定性，提高决策的正确性。

3. 信息交流理论

信息交流是指社会活动中借助于某种符号系统，利用某种传递通道而实现的信息发送者和信息接收者之间的传播和交换行为，具有目的性、双向性、针对性、及时性、易理解性和实义性的特点。信息交流过程包括：信息传递和信息反馈。信息交流的基本要素有

---

① 参见 MBA 智库文档：《信息管理理论》，见 http://doc.mbalib.com/view/5640a9b15adb9a4420a28a3f13526124.html。

信源、信宿、信道和信息符号等四类要素。信源是信息发送者或信息原来持有者，可以是个人、学术团体、公司企业、政府部门、报刊、信息部门、其他职业机构等种类，信源具有发散性、多样性和互补性的特征。信宿是信息接收者，其特点是具有类型的多样性和需求的差异性。信道是信息交流的渠道、通道，具有信源互联性和传递效率的差异性。信息符号是代表信息内容的通用记号或标志，具有表意性、随意性、约定性、符号形式的一致性和符号内容的不一致性等特点。

影响信息交流动力的因素包括主观因素和客观因素。主观因素有：信息用户的信息意识、获取和发布信息的能力、对信息交流的需求程度等。客观因素有政治环境、经济环境、文化环境、科技环境等因素。影响信息交流效率的因素有：语言文字因素包括自然语言、专业语言、检索语言和网络语言，交流过程因素包括信息发生中的因素、传递中的因素和接收中的因素，信息安全因素包括信息污染、信息泄密、信息破坏、信息侵权等。

信息交流可以采用不同的模式展开，以实现信息的效用和价值、提高信息传播效果和信息交流效果。信息交流的典型模型有：拉斯韦尔的 5W 模型、香农—韦弗模型、施拉姆模型等。此外，还有直接交流和间接交流、正式交流和非正式交流、文献交流、网络交流等模式。

4. 信息活动理论

信息活动是由信息采集、整序及分析等环节构成的。信息采集就是通过一定的渠道和方法获取信息的过程。信息采集应遵循的基本原则主要有：主动、及时的原则；真实、可靠的原则；针对、适用的原则；系统、连续的原则；适度、经济的原则；计划、预见的原则。信息整序又称信息组织，就是"信息的有序化与优质化，也就是利用一定的科学规则和方法，通过对信息外在特征和内容特征的表征和排序，实现无序信息流向有序信息流的转换，从而使信息集合达到科学组合实现有效流通，促进用户对信息的有效获取和利用"。① 信息整序的主要目的在于提高信息流的有序程度，提高信息的价值和效用。信息分析就是根据信息用户的特定需要，采用一定的研究方法，对相关信息进行进一步、深层次的收集、整理、分析、加工、鉴别、预测等，使之成为新信息。信息分析具有整理、评价、预测和反馈四项基本功能。

涉农信息管理不善，会造成涉农信息供给的低效，在一定程度上导致农民信息不对称问题的产生。以信息管理理论为理论基础，基于信息供给侧，从涉农信息生产和涉农信息传播层面对涉农信息供给进行研究，以确保研究结论和对策措施的科学性和正确性。

四、公共物品理论

公共经济学将社会需求产品划分为两类：公共物品与私人物品。萨缪尔森 1954 年在《公共支出的纯理论》一文中，将公共物品界定为"纯粹的公共物品是指这样的物品或劳务，即每个人对这种物品或劳务的消费，都不会导致其他人对该物品或劳务消费的减少"。② 意即，某人对某一公共物品的消费，不会影响他人对该公共物品的消费。

私人物品具有竞争性和排他性的特点：竞争性是指某物品被某

---

① 百度百科：《信息组织》，见 http：//baike. baidu. com/view/401761. htm。

② Paul A. Samuelson, *The Review of Economics and Statistics*, Vol. 36, No. 4（Nov. 1954），pp. 387-389.

人消费后，其他人则不能再进行消费；排他性是指人们只有对某物品支付价格后才能消费使用。与私人物品特征相反，公共物品具有消费的非竞争性和非排他性：消费的非竞争性是指某人对某公共物品的消费，并不会妨碍、影响其他人对该物品的同时消费，即公共物品的边际成本为零①；消费的非排他性是指对于提供的公共物品，任何人都可以免费消费，从中受益。公共物品所具有的这两个特征，决定了公共物品由政府供给才能达到最优配置，由于"搭便车"效应的存在，市场供给公共物品是低效的，由此，在公共物品供给中应以政府为主导，政府在提供公共物品时，应根据社会需求进行供给，否则会导致供给与需求背离，导致供给低效，此外政府所具有的意志刚性、有限理性、委托代理关系等缺陷，也可能使供给低效。②

在公共物品中，并非所有的公共物品都同时具备上述两个特征，根据公共物品所具有的消费的非竞争性和消费的非排他性的不同程度，将之分为纯公共物品和准公共物品：纯公共物品同时具有非竞争性和非排他性的特点；准公共物品介于纯公共物品和私人物品之间，具有"有限的非竞争性和局部的非排他性，即超过一定的临界点，拥挤就会出现"。③ 因此，根据公共物品的具体特性，政府应采取多种形式进行，以实现供给高效。

同公共物品和私人物品类似，信息也可以分为公共信息和私人

---

① 在经济学中，边际成本是指每增加或减少 1 单位产品所引起的总成本变动的数额。公共物品的边际成本为零，即公共产品一旦以既定的成本生产出来以后，增加消费者数量却不需要额外增加成本。

② 参见孙贵珍：《河北省农村信息贫困问题研究》，河北农业大学商学院 2010 年博士学位论文，第 23 页。

③ 王健主编：《信息经济学》，中国农业出版社 2008 年版，第 177—178 页。

信息。公共信息也称社会信息，与公众利益密切相关，一般具有非竞争性和非排他性，其获得主要依靠政府相关部门提供。社会共享是公共信息的显著特点，它表现为公众通过广播、电视、网络、媒体等途径或方式免费获得这些公共信息。

涉农信息既具有纯公共物品的特征，又具有私人物品特征的不完全性，介于两者之间，为准公共物品。涉农信息供给不足，在一定程度上会导致农民信息不对称问题的产生。以公共物品理论为理论基础，对涉农信息及其供给进行分析，以实现涉农信息的高效配置和供给，促进农民信息不对称问题的有效解决。

第三章　中国农民信息不对称问题评析

随着社会的不断发展，中国传统的"二元结构"对社会发展的影响不仅显现于经济领域，也显现于信息化发展领域——表现为信息差距的扩大。农民信息不对称问题的普遍存在，就是信息化过程中，不同地区之间以及城乡之间存在的信息差距的具体表现。信息化水平越低，农民对信息的拥有量越少，信息不对称问题就越严重；反之亦然。基于此，本书以农村信息化发展水平作为评价农民信息不对称程度的一个依据，通过对信息化相关因素的分析，揭示不同地区信息化发展水平的高低，进而对农民信息不对称进行客观评价。中国是个农业大国，日益凸显的农民信息不对称问题已成为破解"三农"问题和中国特色社会主义新农村建设的障碍因素。因此，对农民信息不对称问题进行评析，才能够对之进行更加深入的研究、认识和把握，这是解决农民信息不对称问题的基本前提。

第一节　城乡信息化相关因素对比
之农民信息不对称评析

农民信息不对称问题是城乡之间信息差距的一个具体体现。城乡信息差距是城乡贫富差距在信息时代的新的表现形式。市场经济条件下，市场总是将资源优先配置于回报率高、生产率高的地区、企业和部门的内在规律，使信息资源的配置更倾向于城市，造成了城乡之间信息差距的不断扩大。城乡经济发展的不平衡导致农村发展落后于城市，这不仅拉大了两者之间的收入差距，而且在信息化进程中也拉大了两者之间的信息差距，而信息作为新的生产要素和重要资源，在城乡发展过程中又会进一步拉大两者之间的差距，如此相互影响、协同放大，就形成了城乡经济和信息上的双重"马太效应"。由于农村信息化成本高，信息化普及率低，农村和农业的信息化程度相对较低，农民成为信息化弱势群体。加之，农民的思想观念比较保守、小农意识比较强，不愿接受新鲜事物，缺乏信息意识和获取、利用和发布信息的技能，在信息创造财富、信息就是力量的今天，就会出现农民信息不对称问题，表现为不能适时利用信息以消除生产生活中的不确定性，致使生产生活陷入困境。因此，基于城乡之间的信息差距，从城乡居民家庭信息终端设备和信息消费系数等方面进行分析对比，旨在对城乡居民之间存在信息不对称问题作出客观评析。

一、城乡家庭信息终端设备对比

信息技术、信息产业及社会信息化的快速发展，加速了互联网在社会各个领域的广泛渗透，使互联网成为人们活动的重要平台和获取、利用、发布信息的重要渠道，改变着人们的生产方式、生活方式和思维方式。互联网的发展和应用不仅需要信息网络技术提供技术保障，而且需要信息化基础设施提供强有力的物质保障。电脑、电视和电话等信息终端是信息化基础设施的典型代表，也是人们借助互联网获取信息和发布信息的必要的工具设备。通过这些信息终端设备，人们可以搜寻、获取、了解和利用所需的各种信息，减少信息不对称，因此信息终端设备的有无和质量好坏直接影响着人们对互联网的应用程度以及对所需信息的拥有程度。基于此，通过对中国城乡居民家庭拥有的电脑、电视和电话等信息终端设备的对比分析，对城乡居民的信息不对称问题进行客观评析。表 3-1和表 3-2 分别是 2005—2015 年中国城镇居民家庭和农村居民家庭信息终端设备拥有情况及家庭收入统计表。

表 3-1　2005—2015 年中国城镇居民家庭收入和每百户信息终端设备拥有情况

项　目	2005	2006	2007	2008	2009	2010	2011	2012	2013	2014	2015
人均收入（元）	10493.0	11759.5	13785.8	15780.8	17174.7	19109.4	21809.8	24564.7	2646.7	28843.9	31194.8
电脑（台）	41.52	47.20	53.77	59.26	65.74	71.16	81.88	87.03	71.50	76.20	78.50
移动电话（部）	137.00	152.88	165.18	172.02	181.04	188.86	205.25	212.64	206.10	216.60	223.80
固定电话（部）	94.40	93.30	90.52	82.01	81.86	80.94	69.58	68.41	48.60	55.50	—
彩色电视机（台）	134.80	137.43	137.79	132.89	135.65	137.43	135.15	136.07	118.60	122.00	122.30

注：表中的人均收入为人均可支配收入；"—"表示没有数据。
数据来源：2006—2016 年《中国统计年鉴》。

表 3-2　2005—2015 年中国农村居民家庭收入和每百户信息终端设备拥有情况

项　目	2005	2006	2007	2008	2009	2010	2011	2012	2013	2014	2015
人均纯收入（元）	3254.9	3587.0	4140.4	4760.6	5153.2	5919.0	6977.3	7916.6	9429.6	10488.9	11421.7
电脑（台）	2.10	2.73	3.68	5.36	7.46	10.37	17.96	21.36	20.00	23.50	25.70
移动电话（部）	50.24	62.05	77.84	96.13	115.24	136.54	179.74	197.80	199.50	215.00	226.10

续表

项　目	2005	2006	2007	2008	2009	2010	2011	2012	2013	2014	2015
固定电话（部）	58.37	64.09	68.36	67.01	62.68	60.76	43.11	42.24	32.60	38.90	—
彩色电视机（台）	84.08	89.43	94.38	99.22	108.94	111.79	115.46	116.90	112.90	115.60	116.90

资料来源：2006—2016 年《中国统计年鉴》。

　　由表 3-1 和表 3-2 对比可知，随着城乡经济发展和居民收入的不断提高，截止到 2015 年，彩色电视机在城镇居民家庭和农村居民家庭中基本上均得到了普及；移动电话随着价格和资费的降低以及人们收入的增加在城乡居民家庭中呈快速增长之势，2015 年城乡居民家庭每百户移动电话拥有量均高于 220 部，两者基本相当，而固定电话在城乡居民家庭中的拥有量却与之相反，呈现出逐渐减少的趋势，其中一个重要原因就是移动电话作为固定电话的替代品，功能多样且可以随身携带，只要情况允许即可相互联系、沟通，由此带来手机拥有量的增加和固定电话拥有量的降低，尽管如此，对应年份的城镇居民家庭每百户固定电话拥有量仍然比农村居民家庭的多；电脑在城乡居民家庭中的拥有量存在较大差距，2005 年城镇居民家庭每百户拥有电脑 41.52 台，是农村居民家庭每百户拥有电脑 2.10 台的 19.8 倍，2012 年城镇居民家庭每百户拥有电脑 87.03 台，是农村居民家庭每百户拥有电脑 21.36 台的 4.1 倍，之后城镇居民家庭每百户电脑拥有量均比 2012 年的低，这可能是智能手机的快速发展（在某些功能上可代替电脑的部分功能）所导致的，农村居民家庭每百户电脑拥有量基本保持增长态势，到 2015 年城镇居民家庭每百户电脑拥有量是农村居民家庭的 3.1 倍，两者之间的差距仍然较大。电脑是互联网接入的主要终端设备之一，也是人们获取信息的一条主要渠道。虽然城乡居民家庭之间电脑拥有率的差距在逐渐缩小，但农民家庭电脑拥有率低仍是限制农村信息化和互联网发展的硬件性因素。

电脑、电视和电话等信息终端基础设施的普及为互联网的接入提供一定的物质基础。农村居民家庭信息终端设备的普及率随着收入增加而增加，但同城镇居民家庭相比，仍然存在较大差距，与之相应，在城乡互联网发展方面也存在着较大差距。根据 2013 年《中国农村互联网发展状况调查报告》和第 39 次《中国互联网络发展状况统计报告》，可得到 2005—2016 年中国城镇和农村网民的数量规模及城乡互联网普及率，表 3-3 为 2005—2016 年中国城镇和农村网民数量，图 3-1 为 2005—2016 年中国农村网民占网民总数比例，图 3-2 为 2008—2016 年中国城镇和农村互联网普及率。

表 3-3　2005—2016 年中国城镇和农村网民数量　　　　（万人）

项目	2005	2006	2007	2008	2009	2010	2011	2012	2013	2014	2015	2016
城镇	9169	11389	15738	21340	27719	33246	37713	40834	44095	47028	49286	53058
农村	1931	2311	5262	8460	10681	12484	13579	15566	17662	17846	19540	20066
总和	11100	13700	21000	29800	38400	45730	51292	56400	61757	64874	68826	73124

数据来源：中国互联网络信息中心 2013 年《中国农村互联网发展状况调查报告》和第 39 次《中国互联网络发展状况统计报告》。

由表 3-3 和图 3-1 可知，2005—2016 年中国城镇网民和农村网民的人数均逐年增加，到 2016 年底，农村网民数量达 2.01 亿，占网民总数的 27.4%，城镇网民数量达 5.31 亿，占网民总数的 72.6%，虽然城乡网民的规模差距在缩小，但二者之间差距仍然较大。

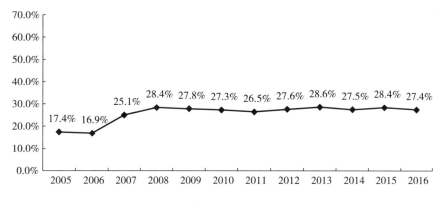

图 3-1　2005—2016 年中国农村网民占网民总数比例

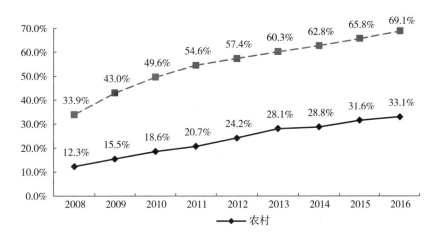

图 3-2　2008—2016 年中国城镇和农村互联网普及率

由图 3-2 可知，近年来我国城乡互联网普及率均逐年上升，呈扩大趋势。到 2016 年底，中国农村互联网普及率由 2015 年的 31.6% 增至 33.1%，提高了 1.5 个百分点，城镇互联网普及率由 2015 年的 65.8% 增至 69.1%，提高了 3.3 个百分点，两者之间的差距由 34.2% 增至 36.0%，差距在增大，这表明，城镇互联网发展比农村具有比较显著的优势。

农村居民家庭信息终端普及率低于城镇居民家庭，农村互联网的发展滞后于城镇，阻碍了农民及时通过网络共享信息资源、获取和利用信息，致使信息不对称问题在广大农村更容易产生。随着信息网络技术和信息产业的快速发展，如果农民家庭信息终端设备得不到快速普及，农民信息不对称问题将更加突出。

二、城乡居民信息消费系数对比

信息消费系数（Information Consumption Coefficient）是研究信息社会和信息化发展阶段的一个重要指标，用来反映信息化水平的高低。1965 年，日本经济学家小松清崎介提出信息化指数模型（RITE），作为 RITE 模型中的一个因素，信息消费系数被首次提出，其内容是指个人消费中除衣食住以外，其他杂费在消费总额中所占比重。[1]

信息消费系数又被称为新恩格尔系数，定义为居民用于信息类商品和服务的支出占总消费支出的比重。信息类商品和服务指与信息密切相关的通信、教育、文化娱乐等内容。信息消费是指直接或者间接地以信息产品、信息服务为消费内容的消费活动，包括纯信息产品和服务的消费，也包括与信息技术高度融合的工农商业产品和服务的消费。[2] 而恩格尔系数是指食品消费支出占总消费支出的比例，反映了食品消费支出同收入之间的关系，可以用来反映一个国家或家庭的贫困程度——恩格尔系数越大，说明生活越贫困；恩格尔系数越小，说明生活越富裕。与恩格尔系数相反，信息消费系

---

① 郑英隆：《基于发展方式转变的我国城乡居民信息消费差异研究评述（2006—2011）》，《图书馆论坛》2013 年第 2 期。

② 李洪侠：《信息消费是典型的供给创造需求》，《科技智囊》2013 年第 10 期。

数越大，表明社会信息消费水平越高；反之，信息消费系数越小，社会信息消费水平越低。虽然影响信息消费系数的因素很多，但在价格、市场竞争、福利政策等相同的情况下，信息消费系数从最终消费角度反映了信息化发展水平的高低。本章通过对城镇居民家庭和农村居民家庭的信息消费系数进行分析，反映城乡信息化水平的高低，在此基础上，对农民信息不对称进行评析。

信息消费系数的计算是根据居民家庭消费的统计构成项目计算的。在中国统计年鉴中，城乡居民家庭消费支出统计项目共包括八大类：食品、衣着、家庭设备及用品、交通通信、文教娱乐、医疗保健、其他。信息消费有广义和狭义两种概念。在居民家庭消费支出中，尹世杰（2003）把医疗保健、交通和通信、文教娱乐与服务等三项信息消费含量高的消费支出作为广义的信息消费项目，杨京英（2006）把通信、教育文化娱乐与服务等与信息密切相关的消费支出作为狭义的信息消费项目。[①] 本章采用狭义的信息消费概念，以居民家庭消费支出构成中的交通通信和文教娱乐两项消费作为信息消费，对城乡居民家庭的信息消费系数进行计算和对比分析。

根据 1999 — 2016 年《中国统计年鉴》相关数据，可得到1998—2015 年中国城镇居民和农村居民在交通通信、文教娱乐、人均生活消费支出等方面的数据，分别见表 3-4 和表 3-5。其中，表 3-4 为中国城镇居民信息消费情况，表 3-5 为中国农村居民信息消费情况。

根据狭义信息消费的定义和信息消费系数的定义，可以计算出

---

① 孙贵珍：《河北省城乡居民信息消费比较研究》，《河北软件职业技术学院学报》2014 年第 4 期。

1998—2015 年中国城镇居民和农村居民的信息消费系数，结果分别见表 3-4 和表 3-5。由表可知，城镇居民的信息消费系数在 1998—2015 年的对应年份均高于农村居民的信息消费系数，这表明城镇地区的信息化水平在整体上比农村地区的信息化水平高。城镇居民的信息消费系数从 1998 年的 0.1747 增加到 2012 年的 0.2692，2013 年降到 0.2329，之后逐渐增加；农村居民的信息消费系数从 1998 年的 0.1384 增加到 2012 年的 0.1859，2013 年继续增加到 0.2177，之后逐渐增加，1998—2012 年两者之间的信息消费系数变动趋势以及信息消费系数之间的差距基本相当，而 2013—2015 年两者之间的信息消费系数变动趋势以及信息消费系数之间的差距基本相当，见图 3-3 中国城乡居民家庭信息消费系数变动对比。

表 3-4　1998—2015 中国城镇居民信息消费情况　　　　　　元

年　份	交通通信	文教娱乐	人均信息消费	人均消费支出	信息消费系数
1998	257.15	499.39	756.54	4331.61	0.1747
1999	310.55	567.05	877.60	4615.91	0.1901
2000	395.01	627.82	1022.83	4998.00	0.2046
2001	457.02	690.00	1147.02	5309.01	0.2161
2002	626.04	902.28	1528.32	6029.88	0.2535
2003	721.13	934.38	1655.51	6510.94	0.2543
2004	843.62	1032.80	1876.42	7182.10	0.2613
2005	996.72	1097.46	2094.18	7942.88	0.2637
2006	1147.12	1203.03	2350.15	8696.55	0.2702
2007	1357.41	1329.16	2686.57	9997.47	0.2687
2008	1417.12	1358.26	2775.38	11242.85	0.2469
2009	1682.57	1472.76	3155.33	12264.55	0.2573
2010	1983.70	1627.64	3611.34	13471.45	0.2681
2011	2149.69	1851.74	4001.43	15160.89	0.2639

年　份	交通通信	文教娱乐	人均信息消费	人均消费支出	信息消费系数
2012	2455.47	2033.50	4488.97	16674.32	0.2692
2013	2317.80	1988.30	4306.10	18487.50	0.2329
2014	2637.30	2142.30	4779.60	19968.10	0.2394
2015	2895.40	2382.80	5278.20	21392.40	0.2467

数据来源：根据 1999—2016 年《中国统计年鉴》相关数据整理得到。

表 3-5　1998—2015 中国农村居民信息消费情况　　　　　　元

年　份	交通通信	文教娱乐	人均信息消费	人均消费支出	信息消费系数
1998	60.68	159.41	220.09	1590.33	0.1384
1999	68.73	168.33	237.06	1577.42	0.1503
2000	93.13	186.72	279.85	1670.13	0.1676
2001	109.98	192.64	302.62	1741.09	0.1738
2002	128.53	210.31	338.84	1834.31	0.1847
2003	162.53	235.68	398.21	1943.30	0.2049
2004	192.63	247.63	440.26	2184.65	0.2015
2005	244.98	295.48	540.46	2555.40	0.2115
2006	288.76	305.13	593.89	2829.02	0.2099
2007	328.40	305.66	634.06	3223.85	0.1967
2008	360.18	314.53	674.71	3660.68	0.1843
2009	402.91	340.56	743.47	3993.45	0.1862
2010	461.10	366.72	827.82	4381.82	0.1889
2011	547.03	396.36	943.39	5221.13	0.1807
2012	652.79	445.49	1098.28	5908.02	0.1859
2013	874.90	754.60	1629.50	7485.10	0.2177
2014	1012.60	859.50	1872.10	8382.60	0.2233
2015	1163.10	969.30	2132.40	9222.60	0.2312

数据来源：根据 1999—2016 年《中国统计年鉴》相关数据整理得到。

从图 3-3 可知，城乡居民信息消费系数从 1998 年开始逐年上升，之后农村从 2006 年、城镇从 2007 年开始下降，然后两者均从

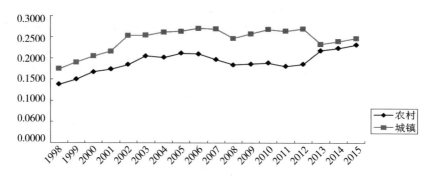

图 3-3　1998—2015 年中国城乡居民家庭信息消费系数变动对比

2009 年再开始上升，2009—2012 年，城镇居民和农村居民之间的信息消费系数的差距不断加大，2013 年城镇居民的信息消费系数下降而农村居民的则持续上升，缩小了两者的差距，之后两者均逐年上升。

中国城乡居民信息消费系数的变动主要根源于城乡居民信息消费结构的变动。根据表 3-4、表 3-5 中的相关数据计算可知，1998—2012 年城镇居民和农村居民的交通通信消费支出占信息消费支出比例均呈上升趋势且上升较快，由两者对比可知，对应年份的城镇居民的交通通信消费支出比例均高于农村居民；城镇居民和农村居民的文教娱乐消费支出占信息消费支出的比例从 2006 年开始下降，两者在这方面的基本消费趋势差不多，且城镇居民的消费也均比对应年份的农村居民的消费高。造成这种变动的原因主要有两个方面：一方面是信息消费的增加。伴随互联网在社会各领域的广泛渗透和应用，人们的信息意识不断增强，加之人们收入和购买力的不断提高，使信息消费在人们消费中所占的比重呈上升趋势。另一方面是政府不断加大对公共设施和教育的投资。这主要是为贯彻党的十六大和十六届三中、五中全会精神，落实科学发展观，政府加大了对公共基础设施和教育的资金投入，例如，2004 年启动国家西部地区"两基"攻坚计划①；2005 年中央提出农村义务教育阶段"两免一补"政策②；2006 年西部农村首先实施义务教育，全部免除学杂费；2007 年春免除全国农村义务教育学杂费；2007 年秋实施新的高校和中职学校家庭经济困难学生资助政策；2008 年秋全国免除城市义务教育学杂费。改善民生一直是我党的工作重点，党的十七大提出，在发展经济的同时，要"更加注重社会建设，着力保障和改善民生，推进社会体制改革，扩大公共服务，完善社会管理，促进社会公平正义，推动建设和谐社会"③，党的十八大也把改善民生作为重要的任务。2013 年之后，民生工作的成效日益显现，民生工作的不断推进，不断扩大社会公共服务和促进社会公平，带来人们生活水平的提升，进而带来居民消费结构的调整和升级，使人们不断追求对诸如信息需求等更高层次需求的满足，从而引起了城乡居民信息消费系数的变化。党的十九大报告指出，带领人民创造美好生活，是我们党始终不渝的奋斗目标。必须始终把人民利益放在至高无上的地位，让改革发展成果更多更公平惠及全体人民，朝着实现全体人民共同富裕不断迈进。

由上述分析得出，农村居民的信息消费系数低于城镇居民的信息消费系数。这说明，从整体上，农村的信息化水平比城镇的信息

①　国家西部地区"两基"攻坚计划（2004—2007 年）是国家有关部门经国务院批准制定的旨在解决西部"两基"问题的计划，是我国普及义务教育进程中的一件大事，是党中央、国务院扶持西部地区基本普及九年义务教育、基本扫除青壮年文盲，提高国民素质，缩小东西部差距，促进当地经济发展和社会进步的一项重大举措。
②　"两免一补"政策是国家对农村义务教育阶段贫困家庭学生就学实施的一项资助政策。"两免"，即免除学杂费，免除课本费；"一补"，即对住宿学生补助住宿生活费。其中，中央财政负责提供免费教科书，地方财政负责免杂费和补助寄宿生生活费。
③　王栓军、孙贵珍：《基于信息需求状态的农民信息不对称分析》，《河北软件职业技术学院学报》2014 年第 4 期。

化水平低，农村居民的信息消费比城镇居民的信息消费低，农村居民对自己所需信息的拥有量比城镇居民的少，农村居民的信息不对称程度就比城镇居民的信息不对称程度高。因此，相对于城镇居民而言，农村居民更容易产生信息不对称问题。

第二节　东中西部东北地区信息化相关因素
对比之农民信息不对称评析

一、东中西部东北地区互联网基础资源对比

目前，我国大陆地区根据不同地区的经济发展水平及其地理位置，整体上划为四个不同的经济地区。东部地区涉及北京、天津、上海、河北、江苏、浙江、福建、山东、广东、海南等 10 个省市；中部地区涉及山西、安徽、江西、河南、湖北、湖南等 6 个省；西部地区涉及内蒙古、广西、重庆、四川、贵州、云南、西藏、陕西、甘肃、青海、宁夏、新疆等 12 个省；东北地区涉及吉林、黑龙江、辽宁等 3 个省。[①] 基于 "效率优先，兼顾公平" 区域经济发展战略，依据地理位置和经济技术水平相结合的原则，"七五"（1986—1990 年）计划提出 "我国国民经济分布客观上存在着东、中、西部三大地带，并在发展上呈现出由东逐步向西推进的客观趋势"[②]，"十一五" 以后，为了 "促进区域协调发展，实施西部大开发，振兴东北地区等老工业基地，促进中部地区崛起，鼓励东部

---

① 李道亮主编：《中国农村信息化发展报告（2011）》，电子工业出版社 2012 年版，第 93—102 页。

② 肖春梅、孙久文、叶振宇：《中国区域经济发展战略的演变》，《学习与实践》2010 年第 7 期。

地区率先发展"[1]，开始实施新的区域经济发展战略，形成了东中西部东北地区新的区域格局。由于东中西部和东北地区具有不同的区位优势、资源禀赋、经济基础以及人文环境，在从加速东部发展的非均衡发展战略向全国性崛起的均衡发展战略的过渡中，带来了区域经济发展的不平衡，由此也带来了东部、中部、西部和东北地区信息化发展水平的差异。

互联网基础资源是互联网发展的基础，也是评价一个地区或国家信息化发展进程的重要指标。互联网基础资源主要包括：IP 地址、域名和网站三个方面，[2] 本章通过对东中西部东北地区各省区市在这三个方面的对比，分析评价其信息化发展水平。表3-6为中国东部、中部、西部和东北地区各省区市互联网基础资源情况。

1. IP 地址对比

IP 地址是指互联网协议地址，是互联网最基础的地址资源。截至 2016 年 12 月，我国大陆地区 IPv4 地址数量为 3.38 亿个[3]。不同地区信息化水平不同，其 IPv4 地址数量在全国所占比例不同。

---

[1]　肖春梅、孙久文、叶振宇：《中国区域经济发展战略的演变》，《学习与实践》2010年第 7 期。

[2]　此处，IP 地址：其作用是标识上网计算机、服务器或网络中的其他设备，是互联网中的基础资源，只有获得 IP 地址，才能和互联网相连。域名：仅指英文域名，是指由（.）分割、仅由数字、英文字母和连字符（-）组成的字串，是与相对应的层次结构式互联网地址标识。网站：是指以域名本身或者 "WWW. +域名" 为网址的 WEB 站点，其中包括中国的国家级顶级域名 .CN 和类别顶级域名（gTLD）下的 WEB 站点，该域名的注册者位于中国境内。转引自中国互联网信息中心：《第 33 次中国互联网络发展状况统计报告》，2014 年 3 月 5 日，见 http://www.cnnic.net.cn/hlwfzyj/hlwxzbg/hlwtjbg/201403/P020140305346585959798.pdf。

[3]　中国互联网网络信息中心：《第 39 次中国互联网络发展状况统计报告》，2017 年 1 月 23 日，见 http://www.cnnic.net.cn/hlwfzyj/hlwxzbg/hlwtjbg/201701/P020170123364672657408.pdf。

表 3-6　东中西部和东北地区互联网基础资源情况

区域	地区	IPv4 地址		域名		网站	
		占总数比例（%）	排序	占总数比例（%）	排序	占总数比例（%）	排序
东部地区	北京	25.48	1	15.3	1	12.6	2
	天津	1.05	21	0.6	16	1.1	16
	上海	4.50	6	6.2	5	8.3	3
	河北	2.85	8	1.8	11	2.6	10
	江苏	4.76	5	4.1	6	5.3	7
	浙江	6.46	3	8.0	4	7.0	4
	福建	1.94	13	12.1	3	5.9	5
	山东	4.90	4	4.1	6	5.7	6
	广东	9.53	2	13.2	2	15.1	1
	海南	0.47	26	0.3	21	0.4	21
中部地区	山西	1.28	19	0.6	18	1.1	16
	安徽	1.65	16	1.8	11	1.4	14
	江西	1.73	14	0.9	15	0.8	18
	河南	2.63	10	2.8	9	4.2	8
	湖北	2.39	11	2.4	10	2.1	12
	湖南	2.37	12	3.2	8	1.5	13
西部地区	内蒙古	0.78	23	0.3	21	0.3	22
	广西	1.38	18	1.2	13	0.9	17
	重庆	1.68	15	1.2	13	1.1	16
	四川	2.77	9	3.3	7	4.1	9
	贵州	0.44	27	0.4	20	0.3	22
	云南	0.98	22	0.7	17	0.5	20
	西藏	0.13	30	0.0	23	0.0	25
	陕西	1.63	17	1.0	14	1.2	15
	甘肃	0.48	25	0.3	21	0.2	23
	青海	0.18	29	0.1	22	0.1	24

续表

区域	地区	IPv4 地址		域名		网站	
		占总数比例（%）	排序	占总数比例（%）	排序	占总数比例（%）	排序
西部地区	宁夏	0.28	28	0.1	22	0.1	24
	新疆	0.60	24	0.3	21	0.2	23
东北地区	辽宁	3.34	7	1.4	12	2.5	11
	吉林	1.21	20	0.5	19	0.6	19
	黑龙江	1.21	20	0.6	18	0.8	18

数据来源：中国互联网络信息中心第 39 次《中国互联网络发展状况统计报告》。

由表 3-6 可知，东部地区，天津、海南两个地区的 IPv4 地址所占比例较低，分别以 1.05% 和 0.47% 的比例在总排序中位于第 21 位和第 26 位，福建省的 IPv4 地址所占比例为 1.94%，在总排序中位于第 13 位，其他 7 个省市的 IPv4 地址所占比例均较高，在总排序中位于第 1—8 位，其中，北京以占全国 IPv4 地址总数 25.48% 的比例在总排序中居首位，广东省以 9.53% 的比例位于第二。中部地区 6 个省份相比较，IPv4 地址所占比例差别不大，其中河南、湖北、湖南的比例较高，分别以 2.63%、2.39%、2.37% 的比例在总排序中依次位于第 10—12 位，江西、安徽、山西三省的比例依次降低，比例介于 1.28%—1.73%。西部地区，四川省以占全国 IPv4 地址总数 2.77% 的比例排在第 9 位，重庆、陕西、广西的比例较低且相差不大，分别为 1.68%、1.63%、1.38%，依次排在第 15 位、第 17 位和第 18 位，其他地区的比例均小于 1.00%，在总排序中位于后八位之中。东北地区，辽宁省以占全国 IPv4 地址总数 3.34% 的比例排在第 7 位，吉林、黑龙江两省均以 1.21% 的比例排在第 20 位。

通过上述分析可知，东部地区的 IP 地址拥有量最多，西部地区的最少，中部和东北地区介于两者之间。

2. 域名对比

域名是互联网上企业或机构的名字，它是与网络上的数字型 IP 地址相对应的字符型地址，也是互联网上各网站间相互联系的地址。[①] 域名数量的增长促进和保证了互联网的发展。截至 2016 年 12 月，我国大陆地区域名总数增至 4228 万个，比上年同期增长了 36.3%。[②]

由表 3-6 可知，东部地区除天津、海南两地的域名数量在全国域名总数中所占比例较低，分别以 0.6%、0.3% 的比例在总排序中居第 16 位和第 21 位，其他地区的域名数量占全国域名总数的比例均较高，河北省以 1.8% 的比例在总排序中居第 11 位，其余 7 省市排序均位于第 1—6 位，北京、广东和福建依次以占全国域名总数 15.3%、13.2%、12.1% 的较高比例居前三位。中部地区 6 个省份域名数量占全国域名总数的比例较小且差距不显著，湖南、河南、湖北和安徽分别以 3.2%、2.8%、2.4% 和 1.8% 的比例居第 8—11 位，江西和山西以 0.9% 和 0.6% 的较低比例位于第 15 和 18 位。西部地区除四川以 3.3% 的稍高比例在总排序中位于第 7 位外，广西、重庆和陕西分别以 1.2%、1.2% 和 1.0% 的比例居第 13—14 位，其他的比例均低于 1.0%，云南省在总排序中居第 17 位，其余的都排在后四位。东北地区，辽宁省以 1.4% 的比例排在第 12 位，黑龙江和吉林两省以 0.6% 和 0.5% 的比例排在第 18—19 位。

---

① 互动百科：《域名》，见 http：//baike. baidu. com/view/401761. htm。
② 中国互联网络信息中心：《第 39 次中国互联网络发展状况统计报告》，2017 年 1 月 23 日，见 http：//www. cnnic. net. cn/hlwfzyj/hlwxzbg/hlwtjbg/201701/P020170123364672657408. pdf。

上述分析表明，东部地区域名数量最多，之后是中部和东北地区，西部地区域名数量最少。

3. 网站对比

网站（Website）是指在互联网上根据一定的规则，使用HTML等工具制作用于展示特定内容的相关网页的集合，它是一种通信工具，人们可以通过网站来发布自己想要公开的信息，或者利用网站来提供相关的网络服务。[①] 网站是网络信息资源分布的基本单位，根据某地区网站的数量，就可以看出该地区的信息发布能力和信息资源占有能力。截至 2016 年 12 月，我国大陆地区网站总数量为 482 万个，年均增长率达 14.1%。[②]

由表 3-6 可知，东部地区的广东、北京和上海三省市分别以占全国网站总数 15.1%、12.6%、8.3%的较高比例在总排序中居第 1—3 位，浙江、福建、山东和江苏四省分别以 7.0%、5.9%、5.7%、5.3%的比例居第 4—7 位，河北省、天津和海南分别以2.6%、1.1%、0.4%的比例居第 10 位、第 16 位和第 21 位。中部地区，河南省以 4.2%的比例在总排序中位于第 8 位，湖北、湖南、安徽和山西分别以 2.1%、1.5%、1.4%和 1.1%的比例居第 12—14位和第 16 位，江西省以 0.8%的较低比例居第 18 位。西部地区，四川省以 4.1%的比例在总排序中居第 9 位，陕西、重庆和广西分别以 1.2%、1.1%、0.9%的比例居第 15—17 位，其他省区均以0.5%及以下的较低比例在总排序中排在后几位。东北地区，辽宁以 2.5%的比例居总排序的第 11 位，黑龙江和吉林两省分别以

① 互动百科：《网站》，见 http：//www.baike.com/wiki/网站 &prd=so_1_doc。
② 中国互联网网络信息中心：《第 39 次中国互联网络发展状况统计报告》，2017 年 1月 23 日，见 http：//www.cnnic.net.cn/hlwfzyj/hlwxzbg/hlwtjbg/201701/P020170123364672657408.pdf。

0.8%、0.6%的比例排在第18位和第19位。分析表明，东部地区的网站数量最多，西部地区的最少，中部和东北地区介于之间，且中部地区的网站数量多于东北地区的。

通过对东中西部和东北地区IP地址、域名、网站等互联网基础资源的对比分析可知，我国的信息化进程存在显著的不平衡性，地区间的信息化水平差异明显。东部地区各省、直辖市的IP地址、域名和网站等互联网基础资源拥有量较大，信息化水平较高，其中，北京、广东、浙江、上海、山东、江苏等6省市在全国互联网基础资源的拥有量方面处于前6位，在信息化过程中走在前列。党的十八大报告明确提出，坚持工业反哺农业和城市支持农村的方针，让广大农民平等参与现代化进程、共同分享现代化成果，在以城市信息化带动农村信息化的发展过程中，必然带来东部地区农村信息化水平的快速提高，农民可以通过便捷的互联网渠道及时、快速地获取与生产生活相关的各种涉农信息，减少不确定性，快速作出决策并付诸行动。中部地区各省的互联网基础资源拥有量在整体上明显低于东部地区，信息化水平比较低，必然带来农村信息化的相对低水平发展。东北地区和西部地区各省份的互联网基础资源拥有量与中部地区相比更低，信息网络资源相对贫乏，信息化整体水平最低，必然导致农村信息化以更低水平发展。由此，中部、东北地区和西部地区农村信息化的相对滞后发展，使广大农民不能利用互联网及时获取所需要的各种相关信息，不能及时作出决策和付诸行动，不确定性增加，信息不对称问题比较严重。根据东部、中部、东北地区和西部的互联网基础资源和信息化发展水平，可推知农民信息不对称程度整体上由强到弱的排序为：西部地区农民信息不对称最严重，东部地区农民信息不对称最弱，中部地区和东北地区农民信息不对称介于西部地区和东部地区之间。

二、东中西部东北地区农民信息消费系数对比

依据本章第一节中所述的狭义信息消费的定义和信息消费系数的定义，根据 2016 年《中国统计年鉴》的相关数据，得到 2015 年东中西部和东北地区农村居民在交通通信、文教娱乐和人均生活消费支出等方面的数据，据此计算出各省、自治区和直辖市农村居民的信息消费系数，结果见表 3-7。

根据表 3-7 可知，2015 年中国中西部地区各省、自治区、直辖市农村居民的信息消费系数除个别省份较高外，整体上差别不大，与之相应，说明中西部地区整体上的农村信息化水平基本相当，农村居民获取信息的手段或途径以及对所需信息的掌握和拥有程度大体相当、差别不大；东部和东北地区各省、自治区、直辖市农村居民的信息消费系数整体上比中部地区和西部地区的稍高，说明东部和东北地区的农村信息化水平比中西部地区的高，东部和东北地区的农村居民相对于中西部地区而言更容易获得和利用所需的信息，减少生产生活中的不确定性。因此，东部和东北地区的农民信息不对称问题弱于中西部地区。

表 3-7　2015 年东中西部和东北地区农村居民信息消费支出和信息消费系数

/元

区域	地区	交通通信	文教娱乐	人均信息消费	人均消费支出	信息消费系数
东部地区	北京	2140.0	1144.9	3284.9	15811.2	0.2078
	天津	2196.2	1245.3	3441.5	14739.4	0.2335
	上海	2046.1	893.3	2939.4	16152.3	0.1820

续表

区域	地区	交通通信	文教娱乐	人均信息消费	人均消费支出	信息消费系数
东部地区	河北	1298.5	870.4	2168.9	9022.8	0.2404
	江苏	1879.9	1319.9	3199.8	12882.5	0.2484
	浙江	2565.7	1486.4	4052.1	16107.7	0.2516
	福建	1248.6	1003.9	2252.5	11960.8	0.1883
	山东	1393.0	912.1	2305.1	8747.6	0.2635
	广东	1160.4	952.4	2112.8	11103.0	0.1903
	海南	836.0	904.1	1740.1	8210.3	0.2120
中部地区	山西	820.3	1017.1	1837.4	7421.2	0.2476
	安徽	1056.3	834.4	1890.7	8975.2	0.2107
	江西	865.7	882.9	1748.6	8485.6	0.2061
	河南	970.3	851.4	1821.7	7887.4	0.2310
	湖北	1218.4	1118.1	2336.5	9803.1	0.2383
	湖南	920.2	1276.4	2196.6	9690.6	0.2267
西部地区	内蒙古	1646.8	1457.7	3104.5	10637.4	0.2918
	广西	821.8	841.7	1663.5	7582.0	0.2194
	重庆	888.2	923.5	1811.7	8937.7	0.2027
	四川	1019.8	699.4	1719.2	9250.6	0.1858
	贵州	784.2	872.7	1656.9	6644.9	0.2493
	云南	987.0	782.3	1769.3	6830.1	0.2590
	西藏	718.5	179.3	897.8	5579.7	0.1609
	陕西	793.2	1036.6	1829.8	7900.7	0.2316
	甘肃	811.7	853.7	1665.4	6829.8	0.2438
	青海	1278.1	806.6	2084.7	8566.5	0.2434
	宁夏	1070.9	995.4	2066.3	8414.9	0.2456
	新疆	1031.6	632.0	1663.6	7697.9	0.2161
东北地区	辽宁	1351.2	1122.0	2473.2	8872.8	0.2787
	吉林	1203.6	1117.7	2321.3	8783.3	0.2643
	黑龙江	611.34	1162.2	1773.5	8391.5	0.2113

数据来源：由 2016 年《中国统计年鉴》相关数据整理得到。

第三节　中国农民信息不对称问题之不利影响评析

中国城乡之间、东中西部东北地区之间经济发展的不平衡带来了城乡之间、东中西部东北地区之间信息化建设的不平衡及其信息差距的客观存在。在信息化整体发展水平上表现为，城镇地区信息化水平高于农村地区，东部地区信息化水平最高、中部地区和东北地区依次减弱、西部地区最低；在信息的整体拥有程度上表现为，城镇居民的信息拥有量高于农村居民，东部地区居民的信息拥有量高于中部、东北地区和西部地区居民。因此，信息不对称问题在大部分农村地区客观存在，东部地区的农民信息不对称问题最弱，中西部地区特别是西部地区的农民信息不对称问题更为突出。农民信息不对称问题是制约农村信息化和社会主义新农村建设、统筹城乡发展的重要因素之一，对农民信息不对称问题的表现及其产生的不利影响进行客观分析评价，是解决农民信息不对称问题的前提和基础。

一、农民信息不对称问题的表现

在农业生产经营中，农民信息不对称问题主要有两种情况，一种是在农产品和农用物资的市场交易中，交易的农民和交易对方所拥有的关于交易对象或内容的信息不相等；另一种是农民作为生产主体或经营主体，在进行生产或经营决策时不能拥有作出最优决策所需要的全部的相关信息。概括起来，农民信息不对称问题的具体表现主要有以下方面。

1. 涉农市场信息不对称

（1）农产品供需信息不对称。这主要表现在农业生产的产前农产品种植和养殖信息不对称和产后农产品运输、销售渠道信息不对称。在产前，由于缺乏农产品市场信息传导机制，农户不了解、不掌握农产品的市场供需信息，不能根据市场需求合理地作出决策、安排农业生产，往往根据经验、喜好或某一时间段内某种农产品的价格信息进行"跟风式"生产决策，导致生产带有较大的盲目性，容易形成农产品的重复生产和压价竞争，造成农产品供给短缺或过剩现象的周期性交替出现，凸显了农业小生产和大市场的对接矛盾。在产后，由于农户不清楚不同地区农产品市场的供需信息，缺乏农产品运输和销售的相关信息，因而不能及时地根据市场信息对各地的市场供求进行及时调整，往往造成农产品"卖难"甚至烂在地里的现象，陷入高产量低产值怪圈。

（2）农产品质量信息不对称。这主要表现在农产品生产者或农产品加工者、农产品经营者同农产品消费者之间的信息不对称。农产品的质量好坏以及是否符合食用安全标准很难通过表面观察获知，农产品的生产者或加工者清楚地知道农产品在生产或加工过程中化肥、农药、添加剂等的具体使用情况，农产品经营者也知道农产品在运输、存储和销售过程中是否受到污染、是否卫生和安全，这样在出售农产品时，他们拥有较多的农产品质量信息，是信息优势一方，而农产品消费者掌握较少的农产品质量信息，是信息劣势一方。在农产品交易过程中，农产品质量信息很难在交易双方之间有效传递，就会造成两者之间的信息不对称。

（3）农产品和农资产品价格信息不对称。农产品价格信息不对称主要表现在农产品生产者即农户同农产品收购商、农产品经营者之间的信息不对称。当农产品市场由卖方市场转为买方市场时，农户掌握的农产品定价信息比较少，相反，农产品收购商和农产品经营者掌握的当地农产品市场信息比较多，掌控着农产品市场定价权，他们会低价购进，高价售出，从而损害农户利益。此外，由于农产品特别是生鲜农产品的仓储体系比较薄弱，在农产品销售终端，为了防止农产品烂掉，农户只能按照收购商给出的价格出售。农资产品价格信息不对称主要表现在农资产品购买者同农资产品生产者或销售者之间的信息不对称。由于农资产品生产者或销售者掌握着种子、农药、化肥、薄膜等农资产品的质量信息，而农资产品购买者缺乏鉴别农资产品质量好坏的相关信息，可能会以较高的价格购买到低质量的农资。

2. 农业科技信息不对称

农业科技信息不对称，一方面在农业生产过程中表现为，农业生产者同先进的农业科学技术拥有者之间的信息不对称。在我国，由于农民的科技文化素质整体偏低，搜寻、获取信息的成本相对较大，导致其信息素质不高、先进的农业科学技术利用率低，形成两者之间的信息不对称。而先进科学技术拥有者可能凭借自己掌握的科技信息优势，在向农民传递农业科技信息时，可能会变相地向农民分摊更多的成本。另一方面在农资购买过程中，由于农村信息传播渠道不畅通，农民鉴识能力不高，先进的农业科技成果不能在农村得到迅速推广，一些不法之人会利用假的农业科技信息欺骗农民，用假农药、假化肥、假种子等农资坑农。

3. 涉农政策信息不对称

涉农政策信息不对称是指一些农民对国家实行的有关惠农政策缺乏了解和利用，不会利用这些政策保护自己的合法权益。这主要是在政策"自上而下"的传递过程中，传递者未能及时地把有关的政策信息传达给农民。同时，由于农民的组织化、社会化程度相对较低，他们的愿望和诉求不能通过恰当的途径得以及时表达，而政府也不能据此及时制定出符合农民实际需求的相应的政策措施。

4. 农民教育信息不对称

农民是新农村建设的主力军，是农村信息化的主要应用者和受益者。由于我国农民的受教育程度不同，导致其文化程度、个人素质、信息意识、信息利用率等也不同，在生产生活中形成了教育信息的不对称。受教育程度高的人具有较高的文化素质，往往思想开放，接纳新事物、新思想的意识比较强烈；相反，受教育程度低的人往往思想保守，接纳新事物、新思想的意识淡薄，对新事物、新思想常有怀疑、抵触心理。信息时代，信息不仅是资源和财富，更是发展机会，实践证明：受教育程度越高的人，其信息意识即信息敏感程度越强，寻求、获取、利用信息的积极性和主动性越强，对相关信息的拥有量就多，信息不对称程度就比较弱甚至不存在；受教育程度低的人，其信息意识就弱，对相关信息的拥有量就比较匮乏，信息不对称程度就比较严重。本书对黑龙江省、河北省、海南省、安徽省、河南省、云南省、内蒙古自治区等7省份的1574位农民及其家庭劳动力的受教育程度即文化程度进行调查，结果见表3-8。

表3-8　农村劳动力文化程度状况

	调查的总人数	小学及以下		初中		高中、中专		大专及以上	
		人数	比例（%）	人数	比例（%）	人数	比例（%）	人数	比例（%）
农业劳动力	2755	972	35.28	1277	46.35	447	16.23	59	2.14
外出务工劳动力	1069	180	16.84	478	44.71	263	24.60	148	13.84

调查结果显示，在农村劳动力中，农业劳动力的文化程度从整体上比外出务工劳动力的文化程度低。由表 3-8 可知，农业劳动力中小学及以下文化程度的比例比外出务工劳动力的比例高 18.44%，高中和中专文化程度的比例比外出务工的低 8.37%，大专及以上文化程度的比例比外出务工的低 11.7%。农业劳动力的文化程度以初中和小学及以下文化程度为主，占比为 81.63%，外出务工劳动力的文化程度以初中和高中（中专）文化程度为主，占比为 69.31%，两者对比结果见图 3-4。

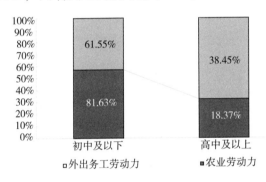

图 3-4　农业劳动力和外出务工劳动力初中以下及高中以上文化程度对比

信息属于较高层次的文化产品，对信息的理解、认识、分析、把握和运用需要具备较高的能力和相应的知识，较低的文化程度和知识水平不利于所需信息的获取和利用。在农村中，文化程度较高的劳动力从农业生产中大量流失，带来了农业劳动力文化水平的整体下降，限制了农民对农业生产生活所需信息的快速、准确、有效地获得和拥有，导致信息不对称问题频频出现。由此可见，教育信息不对称制约着农村信息化和农村经济的发展。

二、农民信息不对称问题的不利影响

农民信息不对称问题会导致农产品市场失效、农业产业结构不合理以及农民利益受到损害等一系列不利的影响。

1. 农民信息不对称问题对农产品市场的影响

在农产品市场，农民信息不对称问题的存在，会使市场机制难以发挥作用，导致市场失灵，使农产品的供给与需求产生背离，带来农产品市场的逆向选择和道德风险，使市场信用退化，降低农产品市场交易效率和效益。

（1）农产品的市场供给与需求背离。在农产品供需信息不对称的情况下，进行农产品生产的农民由于不了解农产品市场的需求与供给关系，凭个人经验、喜好或某种农产品前一年的价格信号，盲目跟风进行种植或养殖，甚至扩大规模，使农产品的供给与市场需求不相符，更多的是造成农产品的供过于求。例如，2011 年内蒙古土豆大量滞销的主要原因就是信息不对称和产销不平衡，由于2010 年土豆价格涨势不断，农民对土豆前景看好，2011 年土豆种植面积急剧扩大，最终导致土豆供大于求，出现土豆大量滞销、卖难。从 2010 年的"蒜你狠"到 2011 年如约而至的"蒜你贱"再到 2012 年的"蒜你狠"重出江湖，从 2010 年的"姜你军"到2012 年的生姜滞销再到 2013 年"姜你军"卷土重来……农产品价格不断轮番上演的"过山车"现象，就是农产品市场供给与需求相背离的真实写照。

（2）农产品市场的逆向选择。在市场信息不对称的情况下，农产品购买者缺乏对所购产品的相关质量信息，不能通过农产品的外观正确鉴别其质量好坏，往往根据市场上农产品的平均质量水平决定是否购买，致使成本较高、质量较高的农产品不仅卖不上高价，还被质量较低的农产品驱逐出市场，导致市场上充斥低质量、劣质农产品。在农产品交易市场，生产农产品的农民如果缺乏与产品相关的营销信息、定价信息、保鲜技术信息等信息，面对"劣币驱逐良币"，就会丧失生产高质量、优质产品的积极性，作为理性的"经济人"，为了追求自身利益最大化而放弃优质产品生产转而选择生产劣质产品。

（3）农产品市场的道德风险。由于存在农产品质量信息不对称，有些农民为了获得最大收益，在用于出售的农产品生产过程中，不合理地或过量地施用化肥、农药、添加剂，而用于自己食用的农产品在生产中却少施用或不施用农药、化肥和添加剂，致使用于出售的农产品中农药和化肥残留、添加剂超标，这种不合格的农产品会给消费者带来伤害，但出售农产品的农民却不会把这些信息传递给消费者，这对市场道德带来很大冲击。消费者一旦了解相关信息，就会失去对该类农产品的信任，为了避免购买到低质量、不合格的农产品，就会抵触、拒绝购买该类农产品，此现象波及其他地区的同类农产品，导致该类农产品的交易市场萎缩甚至溃败。例如，2006 年发生的"红心鸭蛋"事件，2010 年发生的"毒豇豆""毒奶粉"事件，2011 年发生的双汇"瘦肉精"事件以及市场上销售的假化肥、假农药等坑农害农事件等，在一定时期内造成了这些农产品的市场萎缩。

（4）农产品市场信用退化。诚信是社会良性运行和社会主义市场经济健康发展的基础。市场经济条件下，信用既是规范市场主体交易行为的一种基本道德准则，又是约束授信人和受信人的权利和责任的一种法律制度。由于信息不对称的存在，市场经济中忽视、践踏信用的现象时有发生。在农产品生产方面，为了确保农产品能顺利销售，一些农民生产之前同农产品的收购商或经销商按照一定收购价格签订了生产销售合同，由于市场行情难测，如果农产品的签约价格比实际的市场价格高出很多，农产品收购方为了使自身利益最大化就可能作出毁约行为，直接去市场或通过其他渠道采购农产品，使签约农民的利益受到损害。此外，部分掌握市场信息的人为了获得更多利益，凭借信息优势利用假的优良农资信息、假的种植和养殖信息等欺骗农民，甚至出现假化肥、假农药、假种子等假冒伪劣产品坑害农民和消费者，使他们利益受到损害，使农产品整体质量受到质疑，降低了市场的诚信度，造成农产品市场信用的退化。

2. 农民信息不对称问题对农业生产的影响

（1）阻碍了农业生产结构的合理调整。在现代农业生产中，农民担负着生产者和决策者的双重角色。市场经济中，信息作为重要的资源和生产要素，农民必须根据所掌握的信息对农业生产的种类、规模、方式等作出决策，并且根据市场信息对生产结构、生产规模等进行适时调整，以适应和满足市场对农产品的需求。[①] 农民信息不对称使农民在农产品市场中往往处于劣势，不能及时、全面、准确地掌握农产品的市场信息，不能适时地调整种植结构、规模和养殖结构、规模，难以生产出符合市场需求、适销对路的农产品，从而提高了农产品的交易费用，降低了农产品的市场交易效率，导致优质农产品的"市场萎缩、道德风险和逆向选择"。[②]

（2）造成农业资源的浪费。农民信息不对称往往使农产品的供给与需求相背离，市场供给与市场需求失衡，生产出的农产品不符合市场需求，农产品无人问津或受到市场排挤。这些农产品在生

---

① 王栓军、孙贵珍：《基于信息需求状态的农民信息不对称分析》，《河北软件职业技术学院学报》2012 年第 4 期。

② 廖文梅、彭泰中：《信息不对称对农产品市场交易影响及对策研究》，《农机化研究》2009 年第 3 期。

产过程中，消耗了一定的人力、物力和财力，但不符合社会需要，不被社会所承认和认可，造成农业资源的极大浪费。例如：2012年，陕西省榆林市府谷县 200 余万斤大枣陷入滞销困境，贱卖喂牛、大批熟透大枣掉落，遍地成泥；湖南石门 45 万吨柑橘滞销，无人收购烂在地里；北京、河北、山东等地白菜虽然大丰收，但价格暴跌，致使菜贱伤农。

（3）阻碍了先进技术在农业生产中的传播和推广。农业科技信息不对称，使农民不能及时地了解、掌握和利用农业生产中的新技术、新成果，加之农民整体的受教育程度偏低，导致其文化程度、信息意识和信息能力也较低，获取信息的渠道比较窄，这些在一定程度上阻碍了农业新技术和新成果在生产中的及时、有效的传播和推广。

3. 农民信息不对称问题对农民的影响

（1）损害农民利益。农民信息不对称问题的存在，使农民不能对市场前期作出科学预测，盲目生产和"追风式"生产导致农产品的市场供给和需求相背离，造成农产品陷入卖难困境，抑制了农民增收；假种子、假农药、假化肥直接危害农业生产，直接损害了农民利益。例如，"韩进事件"就是由于信息不对称问题损害农民利益的一个让人悲痛的典型案例，"菜农韩进是山东省济南市历城区唐王镇的一位农民，2010 年听村里人说养羊赚钱，就借了 1 万块钱买了一些小羊，盖了棚子买了饲料，本想能赚点钱供孩子上学，不料这些小羊却染上了瘟疫，1 万元全部赔光；2010 年冬天因为'严寒'的缘故，城市里的菜价纷纷上涨，韩进又听说种菜能够挣钱，于是将家里 6 亩多地全都种上了卷心菜，但到卷心菜上市的时候，价格只有 8 分钱 1 斤，韩进连成本都收不回来，不堪生活重压的韩进陷入了绝望，最终选择了自杀。"① 2011 年 4 月 16 日，39 岁的韩进自缢身亡。这个案例折射出，由于农民信息不对称而盲目生产带来的巨大困扰，不仅得不到回报，反而会因此致贫。由于农产品价格信息不对称，农产品的市场定价权掌握在收购商手中，农民只能被动地按照他们给出的价格出售农产品，使自身的利益受到损害。此外，涉农政策信息不对称，使农民不能及时了解关系切身利益的一系列惠农政策，当自身权益受损时，又不能利用这些政策及时地争取和维护自身的权益。

（2）打击了农民生产的积极性。由于农民整体的信息素质比较低，单个农民缺乏了解农产品的市场供求信息，难以使农业生产与市场需求相一致，导致农产品的市场供给和需求背离，农产品丰产不丰收，付出与回报不成比例，直接打击了农民生产经营的积极性。此外，由于农业科技信息不对称以及信息不对称而导致农产品市场的逆向选择、道德风险和信用退化，打击了农民在生产中利用、传播和推广新技术、新成果的积极性，使新技术和新成果不能在农业生产中得到及时利用和推广，制约了农业的现代化。

---

① 张文娟：《从"菜贱伤农"看农村信息化建设的瓶颈》，《中国农村科技》2011 年第 5 期。

第四章　信息需求侧中国农民信息不对称问题成因分析

造成农民信息不对称问题产生的诸多因素涉及自然、社会和个体等多个方面，这些因素相互作用、彼此联系，最终归结于农民的信息需求侧和涉农信息供给侧。农民是农村信息化的主要受益者，本章通过对农民的信息需求进行系统分析，从信息需求侧探究造成农民信息不对称问题的原因。

第一节　农民信息需求概述

一、农民的信息需求及其特点

信息需求是人们对于社会信息而产生的一种基本需求，即在一定社会条件下，人们所具有的利用信息以及向社会、向他人传播信息的需求。① 信息需求由人们的各种社会活动所引发，并在社会活动中得以提升。农民的信息需求是农民为了解决农业生产和生活中所面临的各种问题，从外界获取、利用、吸收相关信息以及同外界交流相关信息的需求。农民信息需求主要有以下特点：

---

① 参见王栓军、孙贵珍：《基于信息需求状态的农民信息不对称分析》，《河北软件职业技术学院学报》2012 年第 4 期。

1. 针对性。指农民的信息需求主要是围绕与农民生产生活密切相关的各类涉农信息。

2. 多样性。指农民所需要的信息涉及农业生产的产前、产中、产后各个环节和各个方面。例如：产前有关于种植和养殖决策方面的相关信息，购买农药、化肥、设备等农资方面的相关信息；产中有关于病虫害及自然灾害防治、种植、养殖等农业生产和管理方面的技术信息及相关政策信息；产后涉及农产品的销售、存储、运输、市场价格等方面的信息。

3. 季节性和周期性。这是由农业生产的季节性和周期性决定的。由于农业生产明显地受土壤、水源、地形、气候等自然因素的影响，而这些自然因素会随着季节的变化而变化，呈现出一定的周期性，所以种植、养殖等农业生产活动同季节密切相关，具有季节性和周期性的显著特点。与之相应，农民为了解决农业生产面临的各种问题而产生的信息需求也就具有了明显的季节性和周期性。

4. 及时性。农业生产的季节性和周期性，决定了农民进行农业生产所需要的决策信息、病虫害防治信息、生鲜农产品的存储和销售信息等相关信息的及时性和适时性。如果农民的这些信息需求得不到及时满足，可能导致农业生产不符合市场需求，病虫害防治不及时导致疫病大面积发生，生鲜农产品大量滞销、积压导致腐烂变质，给农业生产和农民增收带来较大的损失。

5. 区域性。由于不同地区的农村信息化发展水平不同，导致了不同地区农民信息意识和信息需求的差异性。农村信息化水平比较高的地区，农民的信息意识和信息需求比较强烈；农村信息化水平比较低的地区，农民的信息意识和信息需求就比较弱。此外，农业生产以动植物为对象，不同动植物生长发育所需要的自然条件和环境不同，使农业生产具有了明显的区域性，而不同地区的农民所需要的信息是围绕本地区的农业生产而展开的，因此农村信息化发展水平和农业生产的区域性使农民的信息需求也具有了区域性的特点。

二、农民的信息需求状态

信息需求是人们对所需信息产品、信息服务及信息载体的一种期待，是激励人们进行信息活动的动力源泉。用户的信息需求既具有客观性，又具有主观性，并且会随着认知的发展变化而不断发展变化，受时空限制和认知影响表现出不同状态。美国信息技术专家科亨（Kochen）把用户的信息需求状态划分为三个层次：信息需求客观状态—信息需求认识状态—信息需求表达状态，如图 4-1所示。①

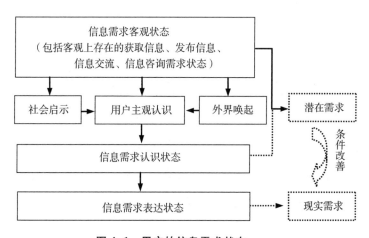

图 4-1　用户的信息需求状态

信息需求客观状态是由用户的职业活动、生存发展需要及其知识结构和所处的社会环境等客观条件决定，它是不以人的意志为转

① 胡昌平：《现代信息管理机制研究》，武汉大学出版社 2004 年版，第 101—102 页。

移的。信息需求认识状态以信息需求客观状态为基础，该层次中信息用户对客观信息需求的认识并不一定是全面的、准确的，由于受到主观因素和意识的影响，他们可能只认识到信息需求中的一部分，或者全部没有认识或意识到其信息需求，甚至是对其信息需求产生错误的认识。通过信息咨询、检索等实践活动，用户认识到的信息需求将得以表达，成为信息需求的表达状态。①

农民的信息需求是农民在生产、生活及其他社会实践中产生的一种客观需求，是由客观条件所决定的，是信息需求的客观状态。由于受到主观意识和客观条件的限制和影响，农民并不一定能全面地、准确地认识和表达其信息需求，只能够认识到其中的一部分，而能够准确表达出来的信息需求又只是这一部分中的一小部分。那些没有被正确认识、准确表达出来的信息需求就成为潜在的信息需求，随着农民自身条件和外界环境的调整与改善，那些潜在的信息需求会逐渐由潜在状态转化为现实状态，即随着进一步的正确认识和表达，形成现实的信息需求，并产生一系列相应的信息活动，以满足农民的信息需要。一定条件下，由于农民所处环境的不同和差异以及农民自身存在的个体差异，对同样的信息，不同农民会处于信息需求的客观状态、认识状态和表达状态等不同状态，与之相应，就会表现为不同的信息需求程度、不同的信息拥有程度和满足程度以及不同的信息不对称程度。

三、农民信息需求的影响因素

1. 农民客观信息需求的影响因素

唯物辩证法认为，事物的运动、变化和发展是内因和外因共同

---

① 徐娇扬：《论用户信息需求的表达》，《图书馆论坛》2009 年第 1 期。

作用的结果。内因即事物的内部矛盾，是指事物内部各要素之间的对立统一关系，它是事物发展、变化的根据，是第一位的原因；外因即事物的外部矛盾，是指一事物与他事物之间的对立统一关系，它是事物发展、变化的条件，是第二位的原因；外因必须通过内因才能起作用。基于此，影响农民客观信息需求的因素是内因和外因的有机统一。其中，内因是指农民的个体因素，外因涉及社会因素和自然因素。

（1）个体因素。作为内因，这是影响农民信息需求的决定性因素。农民的个体因素主要涉及其农业生产的种类与规模、职责与作用、受教育程度及其知识水平以及农民自身的信息素质、兴趣爱好与特点，等等。农民从事的农业生产种类不同、规模大小不同，对信息的需求就不相同；农民在生产中的职责和作用不同，需要信息的范围、内容、数量也就不同；农民的受教育程度及知识水平不同，需要信息的数量和质量亦不相同；农民的信息素质不同，信息意识及处理信息的能力就不同；农民的兴趣爱好与特点是农民的个体特征，在一定程度上改变着农民的认知结构，影响其接受信息的能力。

（2）社会因素。作为外因，这是影响农民信息需求的社会环境因素。社会因素涉及国家的政治、经济、文化、教育、科技、法治等方面，特别是与"三农"有关的制度、方针政策、法律法规以及农业科技和产业结构等方面的因素，这些因素通过内因作用于农民的信息需求，使农民信息需求呈现出多元化、复杂化、高级化。

（3）自然因素。作为外因，这是影响农民信息需求的自然环境因素。自然因素主要指影响农业生产和农村社会发展的自然资源、地理环境等因素，不同的自然因素，带来不同的农业生产方式、产业结构及人们生活方式的不同，这些因素通过内因作用于农民的信息需求，带来农民信息需求的内容、范围、形式、途径等方面的变化。

个体因素与社会因素、自然因素之间相互联系、相互作用，共同影响着农民的客观信息需求。

2. 农民信息需求认识和表达的影响因素

信息需求的客观状态、认识状态和表达状态之间是层次递进、相互影响的，在这三个层次中，客观信息需求状态是基础，对农民客观信息需求产生影响的因素必然会对信息需求的认识和表达产生影响。由于信息需求的认识状态和表达状态是在信息需求客观状态的基础上，经由"社会启示"和"外界唤起"等因素作用、影响于"用户主观认识"而逐渐发展到对客观信息需求的认识、表达，由唯物辩证法关于事物变化、发展的内外因辩证关系原理可知，农民的认知、信息实践活动、收入情况等因素作为内因，以及涉农信息组织和信息服务等因素作为外因，对农民客观信息需求的认识和表达会产生更密切、更直接的共同作用和影响。

（1）农民的认知因素。认知因素主要包括农民的信息意识、认知能力和科学文化素质。信息意识是信息用户对信息的自觉心理反映，它是能够对用户信息行为起指导作用的一种主观能动性。图4-2是用户的信息心理—行为示意图，直观地体现了信息心理和信息行为两者之间的密切联系。当用户受到一定的刺激，就会产生一定的信息需求，在用户知识结构及其信息意识的影响下，信息需求将处于潜在状态、唤起状态、认识状态和表达状态等不同的状态。

图 4-2 用户的信息心理—行为

农民的信息意识是农民对需要的信息表现出的自觉能动反应，即对信息的敏感性反应，对信息价值及其重要性、自身所需信息以及利用信息作出判断、决策的自觉性与主动性反应，它是信息认识和表达的基础。

认知能力是指人们接受、分析处理、储存、应用信息等的能力。[①] 农民基于信息需求而产生的正确、合理的认知是其准确表达信息需求和从事信息活动的重要因素。在一定程度上，农民的认知能力和认知结构决定了农民对信息的认知程度，也决定了其潜在信息需求向现实信息需求的转化程度。

农民的科学文化素质和知识水平对农民信息需求的认识、表达产生直接影响。信息的可辨认性、可开发性、时效性和动态性等特点决定了具备一定的知识结构和知识水平是认识、表达客观信息需求的内在要求。在现代网络环境下，缺乏必要的科学文化素质和相关的信息知识技能，就难以准确认识到信息的价值，难以对所需信息作出正确鉴别、分析与处理。

（2）农民的信息实践活动。信息实践活动是认识和表达信息的基础，主要包括信息的交流、索取、传播、利用等一系列活动。在生产生活实践活动基础上，农民通过信息实践活动可以使自身的

---

① 孙贵珍：《河北省农村信息贫困问题研究》，河北农业大学商学院 2010 年博士学位论文，第 58 页。

信息意识得到不断的强化、信息能力得到不断的增强，从而对信息需求的认知亦将逐步地深化，在实践活动中使信息需求得到不断的满足。如此，在"信息实践活动——信息需求的满足——新的信息实践活动——新的信息需求的满足……"的逐步发展中，使信息认识和信息表达一步一步地得到优化和提升。

（3）农民的收入情况。农民的收入情况是影响其信息需求认识和表达的重要的经济和物质条件。信息需求属于较高层次的需求，马斯洛的需要层次理论表明，人类需求的发展是由低层次需求向高层次需求逐级发展的，即只有在满足了较低层次的需求之后，才会产生较高层次的需求，因此农民对较高层次信息需求的追求和实现是以其较低层次的基本生活需求的满足为前提的。如果农民的经济收入状况比较好，在满足基本生活需求之后，就有能力购买所需要的信息（包括信息服务），有能力购买获取信息所需的相应的终端设备以及主动接受信息教育和进行技术培训，促进其信息需求的正确认识和表达，以满足其信息需求。因此，农民的经济收入情况为其潜在信息需求转化为现实信息需求提供了必要的经济保障和物质基础。

（4）涉农信息组织与服务。信息组织也称信息整序，即信息的有序化和优质化，就是利用一定的科学规则、方法与技术，对信息的外在特征和内容特征进行表征和排序，使无序信息流转换为有序信息流，实现信息集合的科学组合、有效流通，以促进用户有效地获取、利用信息。[①] 涉农信息组织是围绕农民的信息需求而开展的信息选择、分析、描述、揭示、存储的一系列信息活动，它有利

[①] 百度百科：《信息组织》，见 http://baike.baidu.com/view/401761.htm。

于农民充分认识信息需求，按规范表达需求，是影响农民对信息认识和表达的不可忽视的重要因素。

涉农信息服务就是用不同的方式向农民提供所需信息的一项活动。包括向农民提供信息、发布信息、传播信息和信息咨询、利用。网络环境下，提供涉农信息服务平台是进行主动服务和个性化服务，帮助农民认识客观需求、准确表达客观需求的重要基础。

第二节 农民的信息素养分析

"信息素养"（Information Literacy）的本质是社会信息化需要人们具备的一种基本能力，它涉及信息意识、信息能力和信息应用。"信息素养"一词由美国信息产业协会主席保罗·泽考斯基（Paul Zurkowski）于1974年提交给全美图书馆学和信息学委员会的一份报告中首次提出，他认为，信息素养是"利用大量的信息工具及主要信息资源使问题得到解答的技术和技能"，后来又将之解释为"人们在解决问题时利用信息的技术和技能"。"信息素养"概念一经提出，就得到了广泛传播和使用，随着研究的深入，人们对之含义、评价标准等提出了一系列新的见解。1989年美国的图书馆学会（American Library Association）对信息素养的含义进行了重新概括："要成为一个有信息素养的人，就必须能够确定何时需要信息并且能够有效地查寻、评价和使用所需要的信息。"① 尽管不同的学者、研究机构从不同的角度对信息素养进行界定和研究，

---

① 搜狐百科：《信息素养》，见 http：//baike. sogou. com/v164806. htm。

但都认为信息素养是一种综合能力，其内容包括信息意识、信息知识、信息手段、信息能力和信息道德等方面。

在网络环境下，从主客体关系的角度，农民的信息素养是指农民在农业生产生活实践中对信息重要性和信息需求的认识，能够利用现代技术手段（例如电话、电脑、网络等）查询、识别、获取、利用、传递所需信息的能力及能够自觉遵守信息活动中的基本行为规范。在信息意识、信息能力、信息伦理道德等信息素养的主要内容中，信息能力是信息素养的核心，其提高有利于增强农民对信息重要性的认识，提高农民应用信息的意识；信息意识是信息素养的基本内容，其渗透到信息能力的整个过程，是信息能力的前提和基础，强烈的信息意识助力于信息能力的快速提高；信息道德是规范信息意识、信息能力正确实施、应用和发挥作用的保证，有利于信息资源的合理、准确利用。农民信息素养的高低，直接影响农民对所需信息拥有的数量和质量，关系农民信息对称与否。农民的信息素养高，其信息意识和信息能力就强，对所需信息的掌握就比较充分，就不容易出现信息不对称问题；相反，农民的信息素养较低，其信息意识和信息能力就较弱，对所需信息的掌握就比较贫乏，就容易出现信息不对称问题。因此，农民的信息素养是影响农民信息不对称问题的重要因素，农民信息素养的高低直接决定着农民掌握信息的相对充分程度和相对贫乏程度。

为了说明农民信息素养对农民信息不对称问题的影响，2012年10月采用随机抽样的方法对黑龙江省、河北省、海南省、安徽省、河南省、云南省、内蒙古自治区等7省份的82个地级市、482个县（区、市）进行了关于农民信息需求方面的问卷调查和实地走访。经过整理和分析，得到有效问卷1574份。调查对象涉及东部地区、中部地区、西部地区和东北地区的不同地理位置、不同收入水平和不同文化程度的农民，能够较全面地从整体上反映关于农民信息需求的相关问题，具有较好的一般性和可信度。其中，主要从农民的信息意识和信息能力两个方面，对农民的信息素养进行了相关调查。

一、农民信息意识之调查

信息意识是人们对客观存在的信息及信息活动在头脑中的能动反映，表现为主体对信息的敏感程度和主体搜寻、分析、判断、利用信息的自觉性和主动性。[①] 与之相应，农民的信息意识是农民对涉农信息及涉农信息活动的能动反映，是对需要的信息及信息服务的敏感程度、对需要信息的重要性及其价值的洞察力和判断力以及对相关信息的搜寻、鉴别、发布、利用的自觉程度，主要包括对信息重要性的意识和获取、接收、利用信息的意识，这是农民产生信息需求和农民查询、获取、处理、利用、传递信息的基础和前提。[②]

表 4-1 为农民信息意识调查结果。该表显示，农民整体上对信息重要性及其价值缺乏深刻认识，自觉、主动地利用互联网设备快速获取信息及发布信息的意识也比较欠缺。信息意识欠缺，往往使农民不会积极主动地去搜寻、获取和利用信息，所需信息的占有量少、掌握程度低，信息不对称程度就高，由此带来农民信息不对称问题的产生。

---

① 360 百科：《信息意识》，见 https：//baike. so. com/doc/6964838-7187493. html。
② 孙贵珍：《基于农村信息贫困的河北农民信息素质调查分析》，《中国农学通报》2009 年第 24 期。

表 4-1　农民信息意识调查统计结果

调查内容		调查结果			
①您愿意花钱获取信息吗？	A. 愿意	B. 不愿意			
	44.85%	55.15%			
②信息给您带来的经济效益如何？	A. 很大	B. 一般	C. 较小	D. 没有	
	19.38%	52.29%	21.21%	7.12%	
③您经常看什么电视节目？	A. 央视农业节目	B. 地方农业节目	C. 新闻联播	D. 电视剧	E. 其他
	27.95%	24.46%	62.01%	50.06%	3.37%
④您知道从哪儿获得关于病虫害的防治信息？	A. 农业专家和农技人员	B. 相关书籍、杂志、手册等	C. 农讯通、手机短信等	D. 互联网	E. 其他
	53.24%	25.29%	20.08%	21.92%	9.40%
⑤出售农产品时，您如何获得有关价格信息？	A. 自己去市场了解	B. 听他人介绍	C. 通过广播、电视、报刊等	D. 通过网络	E. 其他
	48.28%	40.66%	14.17%	11.88%	2.03%
⑥您通过哪种方式出售农产品？	A. 坐等贩子或经纪人上门	B. 自己到市场流动出售	C. 通过亲朋好友联系	D. 通过网络/媒体发布信息	E. 其他
	32.47%	44.73%	12.58%	5.15%	4.96%
⑦您认为农民不能及时获取信息的主要因素是什么？	A. 资金不足	B. 农村信息员缺乏	C. 领导不重视	D. 农民缺乏信息意识	E. 不会用电脑、网络
	31.45%	57.31%	36.28%	56.61%	46.57%

（1）关于农民对信息的重要性及其价值之敏感度、判断力调查。数字农业的大力发展，使信息融入、参与到农业生产的各个环节之中，并成为现代农业生产不可或缺的生产要素，促进了农业增产增效。由表 4-1 中的调查项①可知，有 44.85% 的被调查农民对

信息有较为强烈的认知，并愿意购买信息；而55.15%的农民不愿意购买信息。由调查项②可知，有71.67%的农民对信息在生产中的重要性及其价值有基本认同。其中，19.38%的农民对信息的重要性及其价值有深刻认识和体会，认为信息能够为其带来很大的经济效益，对信息具有敏锐的洞察力和判断力；52.29%的农民对信息的重要性及其价值有一定的认识和体会，但不深刻，认为信息为其带来的经济效益一般，对信息具有一定的敏感度；21.21%的农民对信息的重要性及其价值有较为肤浅的认识，认为信息为其带来的经济效益较小，对信息的敏感度迟钝、洞察力较弱；7.12%的农民认识不到信息的重要性及其价值，认为信息没有为其带来任何效益，对信息无敏感度，缺乏信息意识。

（2）关于农民获取信息意识的调查。电视、电话、电脑等设备是当前人们利用网络及时、便捷地获取信息常用的信息终端。目前，电视在农民家庭已经得到普及，从表4-1中的调查项③可知，27.95%的农民经常收看中央台农业节目，24.46%的农民经常收看地方台农业节目，这说明电视虽然在农村得到普及，但它却没有成为广大农民获取涉农信息的常用渠道，农民积极、主动地利用电视获取信息的意识相对较弱，尚未达到自觉状态，虽然农民在获取信息时受到电视节目播放时间的影响，但对于信息意识强烈的农民影响不大，说明农民整体上获取信息的意识欠缺。由调查项④、⑤可知，农民通过电话、电脑等信息终端主动获取信息的意识也较弱。由调查项④可知，大约有20%的农民能够借助于农讯通、手机、互联网等信息设备主动、便捷地获取关于病虫害的防治信息；而多数农民仍然通过人际传播、纸质媒体等传统方式获取所需信息，其中，有53.24%和25.29%的农民分别通过"农业专家和农技人员"

"相关书籍、杂志、手册等"获取所需信息。由调查项⑤可知，在获取关于出售农产品的价格信息方面，仅有11.88%的农民选择"网络查询"，多数通过传统方式获得。目前，互联网是获取信息的最便捷的方式，虽然农村的电脑普及率和互联网接入率都较低，但多数乡村都建有自己的村级网站、信息服务站或村里开设有网吧，有的农户家可以上网，这为农民利用互联网搜寻、获取信息提供了便利。农民利用网络获取信息的比例低，说明多数农民还没有真正感受和体会到互联网对生产生活带来的巨大影响，利用现代网络途径获取信息的意识还比较低。

（3）农民发布信息意识的调查。信息作为重要的农业生产要素，不仅要求农民在产前、产中要有主动搜寻、获取信息和利用信息的意识以实现农业增产，而且要求农民在产后要有积极、主动的发布信息的意识，为农产品进入市场打开销路、寻求畅通的销售渠道，以实现农业增效。由表4-1中的调查项⑥可知，农民发布信息意识比较缺乏。仅有5.15%的农民通过网络/媒体发布农产品销售信息；有12.58%的农民通过亲朋好友了解农产品销售信息；而32.47%的农民以收购者上门收购的形式被动地出售农产品；有44.73%的农民自己到市场流动出售农产品，这既不能把握农产品的最佳市场需求，实现收益最大化，又费时费力，卖不出去导致滞销积压。近年来，社会上不断重复出现的鲜活农产品"卖难"及"滞销"，导致农业增产不增收、农民甚至由此致贫，就是农民不了解市场行情、盲目生产以及其发布信息意识严重缺乏的具体体现和反映。

由表4-1中的调查项⑦可知，在"您认为农民不能及时获取信息的主要因素是什么"调查中，选"缺乏信息意识"的农民达到 56.61%，在 5 个选项中排第二，这是农民对自身信息意识的整体评价。农民缺乏信息意识使其自身的信息需求不能得到表达和满足，就会出现信息不对称问题。因此，信息意识缺乏是导致农民信息不对称问题产生的一个重要原因。

二、农民信息能力之调查

信息能力就是指对信息的理解、获取、利用能力以及对信息技术利用的能力。其中：理解信息的能力是指对信息内容、来源和成本进行分析，对信息质量和价值进行鉴别和评价，对信息取舍作出决策的能力；获取信息的能力就是搜集、查找、获得、记录、存储信息的能力；利用信息的能力就是将获得的信息用于生产生活中，解决实际问题的能力；信息技术利用能力即利用计算机网络、多媒体等工具搜集、处理、传递、发布、表达信息的能力。① 由此可知，农民的信息能力就是指农民理解、获取、利用信息以及利用信息技术获取、处理传递和发布信息的能力。本书对农民信息能力的调查分析，主要包括农民理解信息能力、获取信息能力及能否有效地利用互联网等现代工具进行信息的获取、处理、传递信息的能力和发布信息的能力。

表 4-2 为农民的信息能力调查结果。通过表 4-2 可知，农民理解信息能力、获取信息能力、利用信息能力及利用信息技术的能力整体上较低，即农民信息能力整体上较低，这将导致农民不能及时、准确地获得所需信息，信息的拥有程度低，由此产生信息不对称问题。因此，农民信息能力较低是导致农民信息不对称问题产生

---

① 百度百科：《信息能力》，见 http：//baike.baidu.com/view/8824034.htm? fr=aladdin。

的又一重要原因。

表 4-2 农民的信息能力调查结果

调查内容	调查结果				
①您经常获取信息的主要渠道/来源有什么？	A. 广播	B. 电视	C. 电话	D. 互联网	E. 培训/讲座
	9.69%	31.93%	27.14%	8.15%	2.28%
	F. 报纸杂志等	G. 农民组织	H. 亲朋邻居	I. 村干部	J. 信息机构
	7.58%	5.64%	37.00%	15.68%	4.05%
②限制您不能及时获取信息的主要因素是什么？	A. 害怕假信息	B. 经济条件	C. 个人文化素质	D. 缺乏适合的信息	E. 缺乏信息渠道
	40.09%	22.68%	20.46%	28.14%	28.27%
③您购买生产资料时，如何获得信息？	A. 单凭经验	B. 农技人员介绍	C. 听有经验人员建议	D. 手机上网、电脑网络查找	E. 其他
	39.20%	26.56%	39.26%	7.18%	1.33%
④您怎么处置所获得的信息？	A. 记在脑里	B. 记在纸上	C. 存手机里	D. 存电脑里	E. 其他
	40.47%	51.40%	11.44%	4.45%	1.46%
⑤您如何确定家庭的生产经营决策？	A. 根据经验和专长	B. 咨询农业专家/技术人员	C. 向村里能人学习	D. 根据市场需求	E. 其他
	38.71%	19.16%	34.78%	5.82%	1.54%
⑥您在生产中遇到问题和困难时，首先怎么办？	A. 向农技人员咨询	B. 向科技示范户咨询	C. 凭经验解决	D. 网络查找	E. 其他
	32.02%	5.78%	53.81%	7.31%	1.08%
⑦您在互联网上进行过交易吗？	A. 没尝试过	B. 只发布过信息	C. 成功尝试过	D. 经常网上交易	
	75.30%	12.95%	10.04%	1.71%	
⑧您认为最好的信息发布方式是什么？	A. 科技下乡	B. 黑板报形式	C. 农村广播	D. 网络媒体	E. 其他
	43.93%	6.63%	32.81%	31.01%	1.01%

（1）关于农民理解信息能力的调查。理解信息的能力就是对所需信息能够进行正确合理地分析、评价、决策的能力。表4-2中的调查项①和调查项②就是对农民分析信息、评价信息能力方面的调查。调查项①是对农民信息获取主要渠道或来源的分析，由调查结果可知，农民利用互联网获取所需信息的能力比较低。农民所需信息经常来源于"亲朋邻里"的比例最大，达37%；其次是"电视""电话""村干部""广播"，比例分别为31.93%、27.14%、15.68%、9.69%；而来源于"互联网"的比例仅占8.15%，在10个选项中列第6位。这说明网络环境下，大多数农民还不能通过互联网及时获取所需信息，由此导致农民对网络信息的分析能力比较低。调查项②是分析农民鉴别信息质量的能力，由调查结果可知，在限制农民"不能及时获取信息的主要因素"中，居首位的是"害怕假信息"，所占比例为40.09%，说明农民所具有的相关信息知识比较欠缺，鉴别信息真假的能力比较低。

（2）关于农民获取信息能力的调查。获取信息能力是指搜集、查找、提取、记录和存储信息的能力。表4-2中的调查项③和调查项④就是对农民查找信息和记录信息能力的调查。调查项③是关于农民查找信息能力的分析，由调查结果可知，农民获得的关于购买生产资料的相关信息主要来自于"听有经验人员建议"和"单凭经验"，分别占39.26%和39.20%，两者比例相当；其次来自于"农技人员介绍"，占26.56%；而利用"手机上网、电脑网络查找"信息的比例仅占7.18%。这说明，农民关于购买生产资料的信息更多的是通过他人或凭自己经验获得，具有较大的被动性、盲目性、主观性，而根据实际情况依靠自己主动查找、获取所需信息的能力比较低。调查项④是对农民记录信息能力的调查，结果显示，农民对获得信息的记录或处置，"记在纸上"的占 51.40%，居首位；其次是"记在脑里"，占 40.47%；"存手机里"的占 11.44%；"存电脑里"的占 4.45%。这说明，农民利用电脑、手机等工具记录信息的能力比较差。农民虽有一定的记录信息能力，但方式相对传统、落后，容易导致信息的遗忘和丢失，且不利于对相关信息进行横向、纵向对比分析以及不利于对未来所需信息作出比较准确的预测。

（3）关于农民利用信息能力的调查。利用信息的能力主要是指能够用所得到的信息解决生产生活中的实际问题。表 4-2 中的调查项⑤和调查项⑥就是关于农民利用信息能力的调查。调查项⑤是关于农民利用信息进行生产经营决策方面的调查，由调查结果可知，仅 5.82% 的农民能够"根据市场需求"信息对生产经营作出决策，而"根据经验和专长"和"向村里能人学习"确定生产经营决策的比例分别为 38.71% 和 34.78%，这表明农民在生产中利用信息的能力整体上比较低，多数农民不能自己主动地获取和利用所需的市场信息进行生产、经营决策，而作出的决策难免具有主观性和盲目性，容易导致农产品的市场供给和市场需求不一致，不利于农业发展和农民增收。调查项⑥是关于农民利用信息解决生产中遇到问题方面的调查，由结果可知，农民在生产中遇到问题时，仅有 7.31% 的人能够主动地通过"网络查找"获得相关信息，及时解决遇到的问题；53.81% 的人"凭经验解决"，带有较大的主观性；"向农技人员咨询"和"向科技示范户咨询"的人分别占 32.02% 和 5.78%。这说明农民利用网络查找、获取信息解决生产中出现问题的能力比较弱，多数农民则是主观地凭经验解决遇到的问题。

（4）关于农民利用信息技术能力的调查。利用信息技术的能力是指能够熟练地利用计算机、互联网等现代信息设备搜集、处理、传递和发布信息。表4-2中的调查项⑦和调查项⑧就是对农民利用信息技术能力的调查。表4-2中的调查项⑦是对农民利用互联网进行交易的调查，由调查结果可知，75.30%的农民"没尝试过"用互联网进行交易，"只发布过信息"和"成功尝试过"的比例分别为12.95%和10.04%，而仅有1.71%的农民"经常网上交易"，这说明农民对计算机、互联网等方面相关知识的了解和技能的掌握还比较欠缺，利用互联网的能力比较低。调查项⑧是对农民"认为最好的信息发布方式"的调查，由调查结果可知，43.93%的农民认为通过"科技下乡"，进行直接的面对面交流是发布信息的最好方式，32.81%的农民认为是"农村广播"，31.01%的农民认为是"网络媒体"，这说明多数农民对利用网络媒体进行信息发布所具有的及时、便捷、内容丰富、范围广等优越性尚未有充分的认识和了解，在实际中人们利用互联网发布信息能力还是相对较低，例如在调查项⑦中，利用互联网"只发布过信息"的比例只占12.95%。

综上，从农民的信息意识和信息能力两方面的调查结果显示，农民的信息意识整体上欠缺，信息能力整体上较低，这说明农民的信息素养整体上较低，在农业生产经营中往往不能及时地使自身的信息需求得到满足，处于信息劣势，由此导致农民信息不对称问题的产生。因此，通过提高农民的信息意识和信息能力，使农民的信息素养得到提高，是解决农民信息不对称问题的一个重要举措。

第三节　农民信息需求模型分析

在经济学中，商品的需求是指"消费者在一定时期内在各种可能的价格水平愿意而且能够购买的该商品的数量"，即指消费者对某商品既有购买欲望又有购买能力。[①] 与之相应，信息需求是指信息消费者在一定时期内、一定价格条件下，对信息商品的需要，它同样隐含着信息消费者有购买意愿和购买能力两个条件。[②] 由此得出，经济学意义上的农民信息需求是农民对信息商品（包括信息服务）购买意愿和购买能力的有机结合，两者共同构成了农民的有效信息需求。[③] 在这两个条件限制下，农民会在价格最低和效用最大之间作出最佳的选择。在拓宽农村信息市场、促进农民信息消费的过程中，只有全面考虑农民心理上的承受力和经济上的承受力，才能对农民信息不对称作出科学的解释。本节利用 Logit 模型和扩展线性支出系统（ELES），建立农民信息购买意愿数量模型和农民信息购买能力数量模型，从信息需求侧分析造成农民信息不对称问题产生的原因。

一、农民信息购买意愿模型分析

1. 研究假设

农民的信息购买意愿是指农民对需要信息是否愿意支付一定费

---

① 高鸿业主编：《西方经济学》（微观部分），中国人民大学出版社 2005 年版，第 21 页。
② 马费成编著：《信息经济学》，武汉大学出版社 2012 年版，第 156 页。
③ 孙贵珍：《河北省农村信息贫困问题研究》，河北农业大学商学院 2010 年博士学位论文，第 62 页。

用的看法或心理动机，与之密切相关的就是农民对需要信息价值的认识和评价，就是农民通过对需要信息的投入成本和信息的预期收益之间的比较，作出对信息价值即预期经济效益的估算，根据估算结果决定其愿意购买信息还是不愿意购买信息。[①] 信息经济效益就是指利用信息所创造的净收益——信息总收益与信息总耗费之差。基于此，研究假设：①农民是理性的经济人，追求个人效用最大化。②假定信息给农民带来的净收益（Net revenue）为 NR，信息带来的总收益（Total revenue）为 TR，获取和利用信息的总耗费（Total cost）为 TC。则计算信息经济效益的公式为：

$$NR = TR - TC \tag{4-1}$$

当 $NR = 0$ 时，为农民购买信息的盈亏平衡点，即信息带来的预期收益和信息利用的总耗费相等，两者相互抵消，信息的净收益为 0，农民不愿意购买信息。当 $NR < 0$ 时，信息的净收益是负值，即农民购买信息的总耗费比信息带来的预期收益大，此时农民也不愿意购买信息。当 $NR > 0$ 时，信息的净收益是正值，即信息带来的预期收益比农民购买信息的总耗费大，此时农民愿意购买信息，且农民的信息购买意愿会随着信息预期收益的增大而增强。在此基础上，农民是否购买信息的决策模式表示为：

$$是否愿意购买信息 = \begin{cases} 是，当\ TR > 0 \\ 否，当\ TR \leqslant 0\ 时 \end{cases} \tag{4-2}$$

根据"农民是理性的经济人"的假设，结合社会发展现实和对农民信息需求影响因素的分析，假设农民信息购买意愿的影响因素主要有以下方面：

----

① 宋福胜等：《河北省农业信息化发展研究》，中国农业科学技术出版社 2009 年版，第 108 页。

（1）个体因素。主要涉及农民的性别、年龄、受教育程度。由于不同人的人生阅历、社会经验、知识背景以及所受文化习俗的影响等不同，其看待问题、解决问题的方式方法也不同。受社会环境影响，一般地，对于男性、年轻人和受教育程度高的人而言，他们对于新思想、新事物、新方法、新业态等更愿意接受和尝试，假设男性农民相对于女性农民而言，具有较强的信息购买意愿；年轻的农民相对于年老的农民而言，具有较强的信息购买意愿；受教育程度即文化程度高的农民相对于文化程度低的农民而言，具有较强的信息购买意愿。

（2）家庭因素。主要涉及农民家庭的人均收入、家庭所在地理位置。一般而言，经济收入高的家庭，在较低层次的基本需求满足之后，会追求更高层次需求的满足；家庭所处的地理位置离城市越近，通信越便捷，接触的新思想、新事物就越多，受之影响也就越大。基于此，假设家庭人均收入与信息购买意愿成正比例关系，即家庭人均收入越高，农民的信息购买意愿越强烈；家庭所处的地理位置离城市越近，农民的信息购买意愿越强烈。

（3）农业生产因素。主要指家庭中农业劳动力的比例与家庭经营耕地的面积，这两个因素能够较好地体现出家庭的农业生产规模和水平。[①] 家庭中的农业劳动力越多、比例越大，家庭经营耕地面积越大，预示着农业生产规模也较大，利用信息所带来的规模经济越能得到最大程度的体现，基于此，假设这两个因素均同信息购买意愿成正比例关系。

（4）农村社区因素。主要涉及农民所在村庄是否有信息服务

[①] 雷娜：《农业信息服务需求与供给研究》，河北农业大学经济贸易学院 2008 年硕士学位论文，第 29 页。

站。村里的信息服务站可以及时为农民传播、提供所需信息，假设农村有信息服务站同农民的信息购买意愿成正相关。

2. 引入 Logit 模型

根据分析，引入 Logit 模型的各解释变量（自变量）（x）如下：

（1）个体因素变量：性别（x_1）、年龄（x_2）、受教育程度（x_3）；

（2）家庭因素变量：家庭人均收入（x_4）、家庭所在地理位置（x_5）；

（3）农业生产因素变量：家庭农业劳动力的比例（x_6）、家庭经营耕地总面积（x_7）；

（4）农村社区因素变量：农民所在村庄有无信息服务站（x_8）。

把农民信息购买意愿（y）作为模型的因变量（被解释变量），并将之作为上述解释变量（x）的函数，即 $y=f$（个体因素变量，家庭因素变量，农业生产因素变量，农村社区因素变量）+随机扰动项，其中：因变量农民信息购买意愿（y）取 0 和 1 两个离散值，定义 $y=1$ 为愿意购买，定义 $y=0$ 为不愿意购买。[①] 设 p 为 $y=1$ 的概率，则 y 的分布函数是：

$$f(y) = p^y (1-p)^{(1-y)} \quad y=0, 1 \tag{4-3}$$

利用二项 Logit 模型，y 取值范围为 $[0, 1]$，用最大似然法对回归参数进行估计，则有：

---

① 孙贵珍：《河北省农村信息贫困问题研究》，河北农业大学商学院 2010 年博士学位论文，第 68 页。

$$P_i = F(Z_i) = F(\alpha + \sum_{j=1}^{m} \beta_j x_{ij} + \mu) = \frac{1}{1 + e^{-z_i}} \qquad (4-4)$$

其中，$Z_i = \alpha + \beta_1 X_1 + \beta_2 X_2 + \cdots + \beta_n X_n + \mu$

在（4-4）式中，P_i 为农民愿意购买信息的概率；β_j 为影响因素的回归系数，j 为影响因素编号；m 为影响这一概率的因素个数；x_{ij} 为自变量，表示第 i 个样本农民的第 j 种影响因素；α 为回归截距；μ 为误差项。[①]

3. 样本的数据与描述

样本的数据来自 2012 年 10 月对黑龙江、河北、海南、安徽、河南、云南、内蒙古自治区等 7 省份关于农民信息需求调查问卷的分析整理。将调查问卷中关于自变量或因变量回答不完全的问卷进行二次剔除后，得到有效问卷 1404 份。样本中被调查农民有 32.48% 为女性，67.52% 为男性；农民的受教育程度处于小学及以下的占 31.70%，初中文化程度的占 44.16%，高中及中专文化程度的占 19.02%，大专及以上文化程度的占 5.13%；样本的农民家庭人均纯收入是 7538.63 元，其中有 37.39% 的农民家庭人均纯收入低于 5000 元，处于中等偏下水平；农民家庭所处地理位置在城市郊区的有 31.41%，处在山前平原的有 36.25%，处在山区的有 32.34%。调查统计结果表明，44.16% 的农民愿意购买需要的信息，即有信息购买意愿；而 55.84% 的农民不愿意购买需要的信息，即无信息购买意愿。农民对各类信息的购买意愿见图 4-3。

由图 4-3 可知，农民对与生产、生活有密切关系且直接对之产生影响的信息具有相对较高的购买意愿。农产品价格信息、农业

---

① 孙贵珍：《河北省农村信息贫困问题研究》，河北农业大学商学院 2010 年博士学位论文，第 68 页。

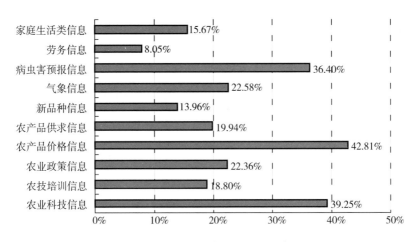

图 4-3　农民对各类信息的购买意愿

科技信息和病虫害预报信息直接关系到农业增产和农民增收，农民对其购买意愿较高，分别占 42.81%、39.25%、36.40%，排在前三位；之后依次是气象信息、农业政策信息、农产品供求信息、农技培训信息，分别占 22.58%、22.36%、19.94%、18.80%，这些信息虽然也直接影响到农民的生产、生活，但具有较强的公共产品属性，多数情况下政府和相关部门会向社会发布相关信息，农民对这些信息的购买意愿相对较弱，而农产品供求信息的购买意愿较低，说明农民更关注生产的产前和产中环节，比较忽视产后的销售环节，这也是造成农业增产不增收、农产品供求脱节及农民在农产品销售过程中存在信息不对称问题的一个重要原因；家庭生活类信息购买意愿占 15.67%，说明农民对生活需要的满足从单纯追求数量逐渐转向追求生活质量，消费观念在改变，消费层次在升级；劳务信息购买意愿最低，占 8.05%，这主要是家庭中大部分年轻的劳动力都已外出打工，留在家中的劳动力以务农为主，因此对务工信息的关注度低、购买意愿较弱。

对样本数据整理、统计得到表4-3。

表4-3　样本模型的变量说明与统计描述（$n=1404$）

变量	定义变量	均值	有购买意愿	无购买意愿
自变量（x） （1）个体因素变量				
性别（x_1）	0＝女；1＝男	0.675	0.674	0.676
年龄（x_2）	被调查者的实际年龄（岁）	44.7	44.4	45.0
受教育程度（x_3）	0＝不识字；1＝小学；2＝初中；3＝高中/中专；4＝大专及以上	1.92	2.01	1.84
（2）农民家庭因素变量				
家庭人均收入（x_4）	农户家庭的人均收入（元）	7538.63	9194.79	6978.32
家庭所在地理位置（x_5）	1＝城市；2＝郊区；3＝山前平原；4＝山区	2.92	2.93	2.91
（3）农民家庭的生产特征变量				
农业劳动力比例（x_6）	农业劳动力占全部劳动力比例（%）	77.3	78.4	76.5
耕地面积（x_7）	家庭经营耕地总面积（亩）	15.82	17.35	14.61
（4）农村社区因素变量				
村里有无信息服务站（x_8）	0＝没有；1＝有	0.19	0.23	0.16
因变量 信息购买意愿（y）	0＝不愿意购买；1＝愿意购买			

4. 模型估计结果与分析

本节借助于 Eviews6.0 计量统计软件对样本数据进行回归分析，得到表4-4。

表4-4　样本模型估计值

Variable	Coefficient	z-Statistic	Prob.
性别（x_1）	−0.009333	−0.077966	0.9379

续表

Variable	Coefficient	z-Statistic	Prob.
年龄（x_2）	−0.005227	−0.749240	0.4537
受教育程度（x_3）	0.244459*	1.845593	0.0650
家庭人均收入（x_4）	6.62E−05***	5.213675	0.0000
家庭所处地理位置（x_5）	0.302404**	2.528515	0.0115
农业劳动力比例（x_6）	0.320534	1.405696	0.1598
耕地面积（x_7）	−0.001740	−1.085475	0.2777
村里有无信息服务站（x_8）	0.324611**	2.325950	0.0200
常数项（C）	−0.950902**	−2.400722	0.0164

注：LRstatistics=59.19805，*、** 和 *** 分别表示在0.10、0.05和0.01水平上显著。

从回归结果看，似然比统计量 LR=59.19805，在1%的统计水平上显著。模型的拟合效果不错，同研究的预期基本上相符。根据表4-4的结果，本节将影响农民信息购买意愿的主要因素归纳如下：

（1）受教育程度。由表4-4可知，农民的受教育程度（x_3）变量在10%的统计水平上显著。这表明其他情况一定时，农民的受教育程度越高，农民对需要的信息就具有越强烈的购买意愿。主要是人们的受教育程度或文化程度不同，其思考问题、分析问题、解决问题的角度和方式就不同，受教育程度较高的农民往往具有较高的创新意识和信息素养，更愿意接受新事物、领会新思想，善于识别、掌握和利用信息，降低或消除生产经营中的风险和不确定性，从而获得更好的收益。在被调查的1404位农民中，其受教育程度统计结果为：75.85%的为初中及以下，24.15%的为高中及以上，说明较低的受教育程度，带来了农民较低的信息购买意愿。

（2）家庭人均收入。由表4-4可知，家庭人均收入（x_4）变量在1%的统计水平上显著。这说明在其他情况一定时，家庭的人均收入越高，农民对需要的信息就具有越强烈的购买意愿。马斯洛的需要层次理论表明，人们只有在满足了较低层次的需求之后，才会产生较高层次需求。消费者只有在满足了衣食住等基本生活需求消费之后，才会把剩余的收入分配到信息需求等较高层次的需求消费中。此外，家庭收入高，对信息的购买能力及承受信息风险的能力就高。因此，人均收入高的农民家庭在满足其基本需求之后会有大部分剩余收入可供支配，就有能力和意愿对所需要的信息支付费用，信息购买意愿就比较强烈。在调查样本中，农民家庭的人均收入为 7538.63 元，处于中等收入水平，其中有 29.99% 的农户人均收入在 5000 元以下，属于中等偏下水平，农民家庭人均收入一般，其信息购买意愿也一般。

（3）家庭所处地理位置。由表 4-4 可知，农民家庭所处地理位置（x_5）变量在 5% 统计水平显著。这说明在其他情况一定时，家庭所处地理位置距离城市越近，人们的信息购买意愿就较强。因为，距离城市越近，受城市发展带来的辐射影响就较大，交通通信等基础设施建设相对于山区而言相对完善，信息灵通，交通便利，人们的思想观念比较开放，见多识广，信息意识比较强，对信息的购买意愿就比较强烈。相反，家庭位于山区的农民，由于交通不便，信息相对闭塞，思想观念比较保守，不容易接受新鲜事物，信息意识比较薄弱，对信息的购买意愿就比较弱。样本调查结果显示，有 32.34% 的农民家庭属于山区，其信息购买意愿相对于处于平原地区的农民而言，信息购买意愿就较弱。

（4）农村有无信息服务站。由表 4-4 可知，农民所在村庄有无信息服务站（x_8）变量在 5% 统计水平显著。在农村地区，基层信息服务站/点是对农传播信息的重要渠道，对家庭没有电脑、互联网的大部分农民而言，通过信息服务站/点可以及时、便捷地获取所需信息以及对相关信息进行了解和掌握，提高对信息重要性及其价值的认识程度。因此，在其他条件一定的情况下，有信息服务站/点的村庄能为农民提供良好的信息服务和相对优越的信息环境，农民对信息的认知能力较高，信息购买意愿就较强。调查样本中，有 19.44% 的农民所在村庄有信息服务站/点；而 80.56% 的农民所在村庄则没有，这就不能为农民获取、利用信息提供便捷服务和良好的信息环境，从而农民的信息意识就相对较弱，购买意愿也就较弱。

上述分析表明，受教育程度（x_3）、家庭人均收入（x_4）、农民家庭所处地理位置（x_5）、农村有无信息服务站（x_8）等 4 个变量会对农民的信息购买意愿产生显著影响，这基本上与假设符合。

此外，模型中的性别（x_1）变量、年龄（x_2）变量、家庭农业劳动力比例（x_6）变量和耕地面积（x_7）变量的检验系数均达不到显著水平，那么这些因素就不会对农民的信息购买意愿产生显著影响，这则同假设不符合。由于农村经济发展相对滞后于城市发展，改革开放的不断深入和城镇化建设的不断推进，农村劳动力相对过剩等原因，导致农村大部分青壮年劳动力不断走出农村，外出务工或经商，留守农村的主要是妇女、老人和儿童，能够进行农业生产的主要是妇女和老人。在被调查的 1404 位农民中，18 岁到 40 岁的青壮年农民所占比例仅为 20.87%，40 岁以上的农民达到 79.13%；初中及以下文化程度的占 75.85%；1404 个农户中，平均每户的农业劳动力占家庭总劳动力的比例为 77.33%。目前，多地农村中，农业劳动力的高年龄、低文化程度，导致其信息意识和信息能力比较低，对信息重要性及其价值缺乏认知，模糊、弱化了性别、年龄以及家庭农业劳动力比例等因素对农民信息购买意愿的影响，这可能是农民的性别（x_1）变量、年龄（x_2）变量和家庭农业劳动力比例（x_6）等3个变量不会对农民的信息购买意愿产生显著性影响的原因所在。而家庭耕地面积（x_7）变量不对农民的信息购买意愿产生显著性影响的原因，可能是家庭的耕地面积较小，尚未达到能够显著降低农民的信息成本、增加规模效益的面积规模，调查样本中农民家庭平均经营耕地（包括农户自家承包耕地和流转来的耕地）面积为15.82亩，其中经营耕地10亩以下占74.15%，10—20亩的占12.82%，20—50亩的占7.26%，50—100亩的占2.07%，100亩以上的占3.70%，可见能够进行较大规模（50亩以上）农业生产经营的家庭仅占5%左右，而大多数家庭的耕地面积和生产经营规模较小，加之平均每户的农业劳动力比例又比较高，购买和使用信息不能通过规模成本递减而带来更大的信息经济效益，这可能是模型中家庭耕地面积（x_7）变量达不到显著性水平的原因所在。

基于上述分析可知，农民的受教育程度、家庭人均收入、家庭所处地理位置及所在村庄有无信息服务站等因素是影响农民信息购买意愿的主要因素。通过对调查样本的统计分析可知，农民的整体信息购买意愿较低，这是造成农民不具有信息优势，导致农民信息不对称问题产生的一个直接原因。

二、农民信息购买力模型分析

1. 研究假设

农民的信息购买力是指在一定时期内农民用货币购买信息（包括信息产品和信息服务）满足其信息需求的能力，体现了农民对所需信息费用的经济承受能力。信息消费作为农民家庭生活消费之一，要受到其家庭预算约束的限制，若农民要增加信息消费支出，就会减少其他方面的消费支出，农民是在不降低生活水平的情况下进行信息消费的。① 因此，本书以农民家庭的基本消费支出作为衡量农民信息购买力的依据，对农民的信息购买力进行分析。

假设：①农民是"合乎理性的经济人"②，以最小的代价去追求利益或效用的最大化。②在某一时期，农民对商品（或服务）的需求取决于商品的价格和农民的收入。③农民对商品的需求分为两类：一类是基本生存需求，这是用来维持生存的最基本的需求，它同农民的收入无关；另一类是非基本生存需求，即超过基本生存需求之外的非基本需求，农民只有在其基本生存需求得到满足之后，才会依据边际消费倾向把剩余收入分配到各种非基本需求的消费之中。④当农民的收入水平比其基本生活消费需求水平高时，认为其具有信息购买能力。③

2. 引入扩展线性支出系统（ELES）模型

扩展线性支出系统（Extend Linear Expenditure System，ELES）模型，作为分析消费需求常用的经济计量模型，是经济学家 Lunch 在 1973 年对经济学家 Stone 的线性支出系统（LES）模型进行修改之后得到的一种需求函数模型系统。④ 本书根据扩展线性支出系统（ELES）模型，尝试建立中国农民消费结构的 ELES 模型，它可以

---

① 孙贵珍、王栓军、李亚青：《基于农村信息贫困的农民信息购买力研究》，《中国农学通报》2010 年第 6 期。
② 高鸿业主编：《西方经济学》（微观部分），中国人民大学出版社 2005 年版，第 18 页。
③ 孙贵珍：《河北省农村信息贫困问题研究》，河北农业大学商学院 2010 年博士学位论文，第 62 页。
④ 张润清、崔和瑞主编：《计量经济学》，科学出版社 2006 年版，第 182—183 页。

反映农民的各项消费支出构成，也可以进行边际消费倾向分析、需求弹性分析、基本需求支出分析和信息购买力分析等，基于此，通过农民消费结构的 ELES 模型对农民家庭生活基本消费支出进行分析，并以此为依据来确定农民的信息购买力。[①]

该模型的表达式为：

$$P_i X_i = P_i X_i^0 + \beta_i \left(Y - \sum_{i=1}^{n} P_i X_i^0 \right) \ (i = 1, \ 2, \ \cdots, \ n) \tag{4-5}$$

式中：$P_i X_i$ 为第 i 种商品的消费支出，$P_i X_i^0$ 为第 i 种商品的基本消费支出，Y 为收入，P_i 为第 i 种商品的市场价格，X_i 为第 i 种商品的人均需求量，X_i^0 为第 i 种商品的基本需求量，β_i 为第 i 种商品的边际消费倾向（β_i 满足，$0 < \beta_i < 1$，$\sum \beta_i < 1$），$\sum P_i X_i^0$ 为购买各种商品的基本消费支出总额。

如果样本数据为横截面数据，则可以设：

$$\alpha_i = P_i X_i^0 - \beta_i \sum P_i X_i^0 \tag{4-6}$$

则模型（4-5）可表示为：

$$P_i X_i = \alpha_i + \beta_i Y \tag{4-7}$$

（4-7）式为一元回归模型，利用某种商品的消费支出和消费者收入的样本观察值，通过最小二乘法（OLS）就可以求得其中参数 α_i 和 β_i 的估计值。

对（4-6）式两边求和，可得到：

$$\sum P_i X_i^0 = \sum \alpha_i / \left(1 - \sum \beta_i \right) \tag{4-8}$$

根据（4-8）式可以求出购买各种商品的基本支出总额。将（4-8）式代入（4-6）式，可得：

---

① 孙贵珍、王栓军、马丽岩等：《基于 ELES 模型的中国农村居民信息消费需求实证分析》，《湖北农业科学》2014 年第 20 期。

$$P_i X_i^0 = \alpha_i + \beta_i \left[\sum \alpha_i / \left(1 - \sum \beta_i \right) \right] \tag{4-9}$$

根据 (4-9) 式，可求出各种商品的基本需求支出额。

根据求出的 β_i 值，可以计算出各种商品的需求收入弹性，其公式如下：[1]

$$\eta_i = \frac{\partial \, (P_i X_i)}{\partial \, Y} \, \frac{Y}{P_i X_i} = \beta_i \, \frac{Y}{P_i X_i} \tag{4-10}$$

3. 样本数据及描述

研究所用数据来源于 2013 年《中国统计年鉴》中农村居民家庭生活消费基本情况的有关统计数据。由《中国统计年鉴 2013》可得到，2012 年中国农村居民家庭人均纯收入是 7916.58 元。根据农村居民按人均纯收入分组的调查统计结果（见表 4-5），有 57.41% 的农户人均纯收入低于 8000 元。

表 4-5　2012 年中国农村居民按纯收入分组的户数占调查户比重

农民纯收入（元）	2000 以下	2000—5000	5000—8000	8000—15000	15000—20000	20000 以上
调查户比重（%）	5.63	26.21	25.27	29.44	7.11	6.04

根据中国统计年鉴中农村居民按收入五等份分组方法，依据农民年人均纯收入由低到高，把农户划分成"低收入户、中等偏下户、中等收入户、中等偏上户、高收入户"等 5 个组（其中，每组各占总户数的 20%），农民家庭年收支情况用农民家庭年人均总收入同年人均总支出两者之间的差额来表示，见表 4.6。

---

① 孙贵珍、王栓军、马丽岩等：《中国农村居民消费结构的 ELES 模型分析》，《江苏农业科学》2014 年第 8 期。

中国农民信息不对称问题对策研究

表4-6　2012年五等份分组农村居民家庭年人均总收入与总支出情况

项目	低收入户	中等偏下户	中等收入户	中等偏上户	高收入户
年人均总收入（元）	4878.32	6823.00	9468.63	13171.03	25037.18
年人均总支出（元）	6573.27	6859.81	8402.90	10685.38	17718.03
差额	-1694.95	-36.81	1065.73	2485.65	7319.15

由表4-6可知，"低收入户"组和"中等偏下户"组的年人均总支出比年人均总收入高，而"中等偏下户"组的年人均总收入稍低于年人均总支出，两者之间的差额不大，基本上相当，这说明我国有40%左右的农民家庭出现收不抵支（或负债），制约着农民家庭的非基本需求消费支出，也制约着农民的信息消费支出。

4. 模型估计与分析

（1）模型估计结果

通过《中国统计年鉴2013》相关数据，整理农村居民家庭不同收入户的年人均纯收入及其各项消费支出，得到2012年农村居民消费的截面数据，构建农村居民消费结构的ELES模型，利用Eviews6.0统计分析软件对该模型参数进行估算，结果见表4-7。

表4-7　2012年中国农村居民消费结构ELES参数估计结果

消费项目	食品	衣着	居住	家庭设备及用品	交通通信	文教娱乐	医疗保健	其他	合计
α_i	1352.8360	162.8979	436.9576	137.0928	123.7580	105.7871	339.0295	45.1317	2703.4906
	(28.1352)	(13.8718)	(9.1748)	(19.3956)	(2.1840)	(6.3285)	(16.5321)	(13.6951)	—
b_i	0.1212	0.0291	0.0811	0.0255	0.0659	0.0423	0.0219	0.0128	0.3998
	(26.2583)	(25.8262)	(17.7329)	(37.6246)	(12.1017)	(26.3828)	(11.1000)	(40.3762)	—
R^2	0.995668	0.995522	0.99055	0.997885	0.979927	0.995708	0.976230	0.998163	—

续表

消费项目	食品	衣着	居住	家庭设备及用品	交通通信	文教娱乐	医疗保健	其他	合计
F 统计量	689.4987	666.9913	314.4568	1415.6120	146.4514	696.0538	123.2090	1630.2380	—
基本支出 $(P_iX_i^0)$	1898.76	293.97	802.26	251.95	420.59	296.32	437.67	102.79	4504.31

注：参数估计值下面括号中的数据为该参数的 t 检验值。

根据表4-7可知，F 统计量在显著性水平1%的条件下通过检验，所有项目对应的 β_i 估计值均在1%的水平下显著。判断系数 R^2 均大于97%，模型拟合效果整体上很好，表明农村居民对8类商品消费变化的97%以上都是取决于人均纯收入的变化。

（2）基本消费需求分析

从表4-7看出，2012年我国农村居民总的边际消费倾向①是0.3998，即纯收入每增加1元，用于生活消费的支出是0.3998元，用于储蓄、生产投资的是0.6002元，各类商品消费的优先序依次是：食品—居住—交通通信—文教娱乐—衣着—家庭设备及用品—医疗保健—其他。由此可知，食品、居住、交通通信和文教娱乐等方面是当前农村居民消费的重点项目。其中，食品的边际消费倾向最高，达0.1212，因为食品是满足人们生存发展的基本需求，农民收入水平的提高，使其在满足食品消费数量的同时，不断注重和提升较高质量的食品消费，食品在消费支出中所占比例较大，说明农民的消费结构有待升级；居住的边际消费倾向为0.0811，位居第二位，说明农民生活水平的提高带来了消费观念的更新，农民通

---

① 边际消费倾向是指居民消费变动额和收入变动额之间的比率。其数值通常介于0和1之间，表明消费是随收入的增加而增加，即在增加的每一单位收入中有多大份额用于增加消费支出，它反映了居民对各类消费品的消费偏好以及其新增购买力的投向。

过住宅的改造和改建来优化居住环境；交通通信的边际消费倾向是0.0659，排在第三位，说明农民对该类商品和服务的需求和投资在不断增加，也表明了农民逐渐认识到信息对发展经济和改善生活的重要性，带来了农民信息观念和信息意识的逐渐增强，生产方式和生活方式的改变，以及消费结构和消费观念的转变，由此，交通通信在生活消费中所占的比重增加；文教娱乐的边际消费倾向为0.0423，排在第四位，这主要是随着党的十六大和十六届三中、五中全会精神及科学发展观的贯彻落实，尤其是党的十八大、十九大以来，国家更加大了对农业、农村、农民发展的扶持力度，采取了多项惠民措施，政府逐步加大了公共财政对公共设施和教育的投入力度，免除了全国义务教育学杂费，减轻了农民在文教娱乐方面消费的负担，降低了该类消费支出占总消费支出的比例；[1] 医疗保健的边际消费倾向是0.0219，比较低，伴随全国范围内覆盖农村居民的新型农村合作医疗制度的建立和不断完善，使农民在医疗保健方面的消费支出明显降低。

根据 ELES 模型中（4-10）式，利用表4-7中的相关参数值和2012年农村居民家庭的人均纯收入和各项消费支出的有关数据，计算出2012年农村居民各项消费品的需求收入弹性[2]，结果见表4-8。需求收入弹性高，对该项目的消费需求增速就快。交通通信、文教娱乐、居住、家庭设备及用品等类商品的需求收入弹性比较高，说明农民对这些商品的消费需求增速比较快。其中，交通通信的收入弹性最高，达0.80，说明农民对信息的重要性和价值有

---

[1] 孙贵珍：《河北省城乡居民信息消费比较》，《河北软件职业技术学院学报》2014年第4期。

[2] 需求收入弹性表示在一定时期内当消费者的收入水平变化1%时所引起的商品需求量变化的百分比。它是用来衡量消费者由于收入的变化引起商品需求变化的程度。

了基本的认同，越来越认识到信息已成为生产生活不可或缺的要素，信息意识不断增强，亦就越来越重视对交通通信方面的消费和投资。

表4-8　2012年中国农村居民家庭消费需求收入弹性（η）

消费项目	食品	衣着	居住	家庭设备及用品	交通通信	文教娱乐	医疗保健	其他
η	0.41	0.58	0.59	0.59	0.80	0.75	0.34	0.69

根据 ELES 模型中（4-9）式和表4-7中参数 α_i、β_i 的值，可以计算出2012年农村居民各项商品基本需求的估计值，见表4-7。各项商品的消费支出根据基本需求额由大到小排序为"食品——居住——医疗保健——交通通信——文教娱乐——衣着——家庭设备及用品——其他"。

表4-9为2012年农村居民家庭基本需求支出估计值与不同收入户基本需求支出的对比。由表4-9可知，2012年农民家庭的基本消费需求估计值是4504.31元；"低收入户"的实际消费支出是3742.25元，是基本消费需求估计值的83.09%，其中大多数农村居民家庭的消费支出项目达不到基本需求支出要求；"中等偏下收入户"的实际消费支出为4464.34元，比估计值稍低，其中有部分农村居民家庭的消费支出达不到基本需求支出需求；"中等收入户""中等偏上户""高收入户"的实际消费支出均比估计值高。根据2013年中国统计年鉴，西藏、贵州、甘肃等3个省区的农民家庭人均消费支出，均低于基本需求消费支出，分别是2967.56元、3901.71元、4146.24元，西部地区的农民家庭人均消费支出为4798.36元，稍高于基本需求消费支出的标准，二者基本相当。

表 4-9　2012 年农村居民家庭基本需求支出估计值同不同收入户基本需求支出对比

（元）

消费支出项目	食品	衣着	居住	家庭设备及用品	交通通信	文教娱乐	医疗保健	其他	消费支出合计
估计值	1898.76	293.97	802.26	252.95	420.59	296.32	437.67	102.79	4504.31
低收入户	1620.32	246.10	637.66	197.38	360.26	230.24	370.88	79.41	3742.25
中等偏下户	1902.73	287.59	775.19	250.08	412.69	294.22	439.12	102.71	4464.34
中等收入户	2197.42	358.37	990.72	319.07	546.92	386.79	499.13	131.90	5430.32
中等偏上户	2672.60	466.07	1341.22	406.68	732.45	533.11	595.70	176.37	6924.19
高收入户	3622.70	717.82	1952.78	618.40	1418.83	918.93	737.12	288.71	10275.30

（3）信息购买力分析

作为家庭生活消费的一部分，信息消费支出必然受到家庭预算的约束，如果增加信息消费支出，就要减少其他方面的消费或投资。因此，在家庭预算约束的限制下，如果农民的信息购买费用增加，其他方面的消费支出就要减少。如果信息消费支出会对家庭的基本消费支出产生影响，就认为信息购买能力是比较低的水平；如果信息消费支出不会对家庭的基本消费支出产生影响，仅对其他支出产生影响，就认为信息购买能力是中等水平；如果信息消费支出不会对家庭的日常消费支出产生影响，就认为信息购买能力是比较高的水平。[①] 本书根据基本需求支出对购买交通通信类商品的影响程度，来分析农民的信息购买能力，并将信息购买能力分为：没有购买能力、有限购买能力和有购买能力等三种类型（见表 4-10）。

当农村居民年人均纯收入小于 1898.76 元时，其收入还不能满足最基本的食品消费支出，没有能力购买交通通信类商品，即没有

---

① 孙贵珍、王栓军、李亚青：《基于农村信息贫困的农民信息购买力研究》，《中国农学通报》2010 年第 6 期。

信息购买力；当年人均纯收入在 1898.76—4504.31 元时，能够满足基本的食品消费支出，在此基础上，如果适当对其他消费支出结构进行一定程度的调整，可能有一定的能力购买交通通信类商品，但是较为有限，为有限购买能力；当年人均纯收入在 4504.31 元以上时，有能力购买交通通信类商品，即有信息购买能力。

表4-10　2012年农村居民对信息商品的购买能力

年人均纯收入（元）	购买能力
<1898.76	没有购买能力
1898.76—4504.31	有限购买能力
>4504.31	有购买能力

根据上述分析及表 4-9 可知，2012 年农民的基本需求支出估计值是 4504.31 元，食品支出是 1898.76 元。"低收入户"的各项消费支出均低于基本需求支出的要求，"中等偏下户"除食品和医疗保健两项的消费支出均略高于基本需求支出的要求，且基本上相当，其余各项的消费支出均比基本需求支出的要求低，西藏、贵州、甘肃等 3 个省区的农民家庭人均消费支出均低于基本需求消费支出的要求。根据《中国统计年鉴 2013》，2012 年农民的人均纯收入在 2000 元以下的农户数占 5.63%，人均纯收入在 2000—4000元的农户数占 16.46%，人均纯收入在 4000—5000 元的农户数占 9.75%，这表明有近 5.63% 的农户为没有信息购买力水平，约 20%的农户信息购买力不足，即为有限信息购买力水平。因此，采取多种方式和手段增加农民的收入，尤其是贫困地区农民的收入，为提高农民信息购买力、增加其信息消费给予资金保障。同时，对于有信息购买力的农户，要注意加强对其家庭消费结构进行合理引导和

调整，促进其信息消费。

根据上述分析，农村居民家庭在既定预算约束和其他条件不变的情形下，有信息购买力的农民，依据自己的信息购买意愿，结合生产生活的实际情况，及时地购买所需要的相关信息，满足信息需求，就能占有较多信息，信息的拥有程度就高，信息不对称程度相对就低，成为掌握信息较充分的一方，就不容易出现信息不对称问题；信息购买力不足或者没有信息购买力的农民，则不能按照自己的信息购买意愿及时购买所需信息，信息的占有量就少，信息的拥有程度就低，信息不对称程度相对就高，成为掌握信息贫乏的一方，往往导致信息不对称问题的产生。因此，信息购买力水平低下也会直接诱发农民信息不对称问题的产生。

第五章　信息供给侧中国农民信息
不对称问题成因分析

信息消费是一种直接或间接地以信息产品和信息服务为消费内容的消费活动，属于典型的供给创造需求。① 信息（包括信息产品和信息服务）供给的优劣对信息用户能否顺利实现信息需求有着直接影响，它关系到信息用户对所需信息的拥有程度或掌握程度。基于此，本章通过对涉农信息供给的深入分析，旨在从信息供给侧探究造成农民信息不对称问题的原因。

第一节　涉农信息供给概述

一、涉农信息供给及其一般环节

信息供给简单地说就是向用户提供信息，包括信息生产和信息传播两个方面。基于此，涉农信息供给就是涉农信息的生产者与传播者向信息用户提供"三农"方面的有关信息，其目的在于满足用户的涉农信息需求，降低农业生产经营的风险和不确定性，实现农业增效农民增收及其生活的改善。根据农民信息需求及涉农信息

① 李洪侠：《信息消费是典型的供给创造需求》，《科技智囊》2013 年第 10 期。

应用领域，把涉农信息供给划分为农业生产信息供给和生活信息供给。农业生产信息供给主要是向农民提供与农业生产、经营等相关的信息，诸如农业技术信息、病虫害防治信息、农产品供求信息、农产品价格信息、农技培训信息、惠农政策信息、农业气象信息等信息；生活信息供给是提供诸如文化娱乐信息、社会保障信息、医疗保健信息、家庭教育信息、外出务工信息等信息。[①]

涉农信息生产与涉农信息传播是涉农信息供给的基本环节。

（1）涉农信息生产。这是涉农信息供给的基础，就是涉农信息生产者进行信息采集、信息加工处理，形成涉农信息产品的过程，它包括确定信息源及信息的采集、加工、产品存储、产品应用反馈等环节，[②] 如图5-1所示。

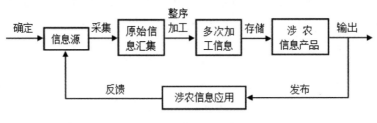

图 5-1　涉农信息生产过程

确定信息源是涉农信息生产的第一步，也是关键的一步。涉农信息生产的主要动机与目的就在于向信息用户特别是农民用户供给需要的涉农信息以实现其信息需求，因此要根据农民的信息需求，确定信息源的范围，通过调查、分析、选择、确定信息源。

信息采集就是从信息源中搜寻、选择、汇集相关信息的过程，

---

① 孙贵珍：《河北省农村信息贫困问题研究》，河北农业大学商学院2010年博士学位论文，第73页。

② 孙贵珍：《河北省农村信息贫困问题研究》，河北农业大学商学院2010年博士学位论文，第95—96页。

这是涉农信息生产的基础性环节，因为信息采集的质量直接影响着信息加工及信息产品的质量。一般而言，凡是影响到农民生产经营及生活的信息都属于涉农信息采集的范围，包括与产前、产中、产后等阶段密切相关的各类信息，诸如政策信息、市场供求信息、生产经营决策信息、技术信息、农产品及农资的价格信息、灾害疫情预警信息、气象信息以及与生活密切相关的医疗保健、家庭教育、劳务信息等信息。由于农民信息需求的多样性和多层次性，这使得信息采集的内容亦呈现出多样性和差异性，例如：服务性信息的采集要注重实用性和适用性，建库信息的采集要注重完整性。为保证信息采集质量，信息采集要遵循可靠性、完整性、及时性、准确性、易用性等基本原则。可靠性原则，指采集的信息必须是客观对象的真实反映，这是信息采集的基础；完整性原则，指采集信息的内容是完整无缺的，能反映客观对象的全貌，这是信息利用的基础；及时性原则，指能以最短的时间取得所需的信息，这是信息采集时效性的保证；准确性原则，指采集到的信息与客观需求具有较高的关联程度并且信息的表达无误，以确保信息采集的适应性和价值性；易用性原则，指采集的信息通过一定的表示形式，易于使用。

信息加工是对收集到的信息进行鉴别、筛选、综合、分析、再造等过程的统一，即对信息进行去伪存真、去粗取精、由表及里、由此及彼的加工过程，这是信息利用的基础。一般而言，信息加工的内容包括三个方面：一是信息的鉴别和筛选，就是对收集到的信息通过鉴别、筛选，去假存真；二是信息的分类和排序，就是对收集到的零乱、无序的信息进行分类、排序，使之从无序态到有序态，以便存储、检索和使用；三是信息的分析和研究，就是借助一定的信息技术，根据一定的规范要求，对分类排序后的信息进行分析、研究，使之具有更高的效用和应用价值，甚至产生更新的信息内容。

信息产品的存储就是通过一定的方式与手段，对经过多次加工、具有使用价值的信息给予储存，以便于信息的传递、利用。在互联网络条件下，涉农信息的保存和储存形式以数据库为主，以文字、图片、视频等形式呈现。

信息产品的应用反馈就是信息用户对信息产品的应用效果、受益程度、价值评价等情况以信息反馈的形式传递给信息生产者，以便于信息生产者对信息生产进行调整和优化。

（2）涉农信息传播。涉农信息传播就是涉农信息的传递过程，即涉农信息传播者利用一定的传播载体或通过一定的传播渠道，向信息用户传递涉农信息，并期望达到一定预期效果的信息传递过程。涉农信息传播过程主要有信息的发送、传递、接收及信息反馈等环节，如图5-2所示。

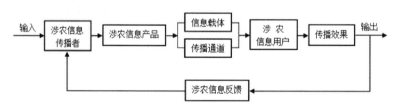

图5-2 涉农信息传播过程

涉农信息的发送是涉农信息传播的最关键一环，关系到涉农信息传播目的能否得以实现。信息传播者主导信息传播，对传播的速度、内容、方式等方面起"把关人"的作用。所以，涉农信息的传播者传播和发送信息应该以用户的信息需求为基本前提之一，这也是用户接受信息、产生相应行为活动，达到预期传播效果的前提条件。

涉农信息的传递是指涉农信息以一定形式，通过一定的信息载体或信息通道从涉农传播者向信息用户流动的过程。传递信息的载体不同，涉农信息传播的方式、效果亦不同。

涉农信息的接收是指信息用户通过一定方式获取所需涉农信息的过程。这是所接收的信息通过影响、作用于信息用户的心理过程，使信息用户的认知、动机、价值观念发生改变，进而带来行为上的反应或者回应。因此，涉农信息传播效果在很大程度上取决于信息用户或信息接收者的信息接收能力。

涉农信息反馈就是涉农信息用户把对所接收信息的评价以及新的信息需求，通过一定形式反馈给涉农信息传播者，实现涉农信息传播的再调整、再传播，以提高涉农信息传播效果。涉农信息反馈是涉农信息有效传播的重要环节。涉农信息只有通过有效传播，才能被广大农民用于生产和生活，成为促进农业生产发展和生活改善的现实物质力量，涉农信息的价值才能得到充分体现。

信息传播的目的是信息用户获得信息并由此产生一定的影响和反应。农民是涉农信息传播的主要接收者，由于不同地区经济发展的不平衡性，不同农民自身所存在的经济条件、受教育程度、思维方式、接受能力等方面的个体差异，加之农业生产的地域性、季节性决定了农民分布的分散性、广泛性和农业生产的周期性，由此带来了涉农信息传播方式的多样性、差异性。目前，涉农信息传播方式主要有：利用报纸、杂志、书籍、小册子、墙报等形式传播；通过农民合作社、农村信息员以及科研机构等组织的"科技下乡""信息下乡"等形式传播；通过亲朋好友交流沟通等形式传播；通过电视、电话、广播等形式传播；通过互联网、手机短信等形式传播。其中，互联网超越了时空限制，利用互联网传播信息是网络时代最便捷的信息传播方式。

信息传播的方式对传播效果会产生直接的和重要的影响。不同的涉农信息传播方式决定了不同的涉农信息传播效果，进而会影响到受者对涉农信息的掌握程度以及利用程度。因此，根据农民的生产生活实际，因地制宜地采用恰当的传播方式进行涉农信息的传播，有利于涉农信息的有效传播，可以提高农民对所需涉农信息的拥有程度，减少其信息不对称程度，有效地缓解和解决农民信息不对称问题。

二、涉农信息供给主体

涉农信息供给主体是指涉农信息的提供者，包括涉农信息的生产者、开发者和传播者，是由从事涉农信息生产与传播的各个领域、各个层次的组织机构及其相关人员组成的，主要包括各级政府、涉农事业单位、涉农企业和 IT 企业、农民合作组织和涉农信息服务的个人等。[①]

各级政府指党中央、地方（省、市）政府、基层（县、镇或乡）政府。政府在涉农信息供给中主要有引导、协调和规范功能，即制定相关规划和政策，协调整合农业、农机、国土、水利、气象等相关部门的各类资源；建立和完善涉农信息供给所需的政策法规环境。其中，国有相关职能部门主要是制定涉农信息供给（如资金、人才、技术等方面）的总体规划和宏观政策，加强涉农网络综合信息资源库建设和搭建涉农信息服务平台；地方政府主要是以

---

① 黄志文、杨立新主编：《中部农村信息化探索》，中国农业科学技术出版社 2009 年版，第 57 页。

国家政策为指导，根据本地区特点制定相应的涉农信息政策，加强本地区信息基础设施建设，搭建区域涉农信息服务平台，引导农民利用现代手段获取所需信息，推动涉农信息服务；基层政府主要是传达上级政府政策和指示，建立乡或镇、村等基层信息服务站（点），直接面向农民供给涉农信息及服务，定期组织农民进行相关的信息知识技能培训等活动，帮助和引导农民运用现代网络技术获取所需信息。

涉农事业单位主要是指涉农科研院所及以信息服务为主要任务的事业单位，主要包括：①涉农科研院所的信息研究机构，如中国农科院及省市县各级农科院或农研所的信息研究所、信息文献中心、图书馆、情报资料室等；②涉农行政单位的信息中心，如农业部信息中心，省农业厅及市、县农牧局等部门的信息中心或农业技术推广中心（站）；③全国各级各类涉农教学、科研单位，这些单位主要是对涉农信息和知识进行加工、整理，构建涉农科研资料数据库，将相关研究成果以科技成果、科技信息的形式，通过农村信息服务平台或一定的服务手段传递给农民；④涉农传媒单位，主要通过报纸、期刊、书籍、广播电台、电视台等媒体形式向农民传播涉农信息。

作为涉农信息供给主体的企业主要包括涉农企业和 IT 企业。涉农企业是指从事农业生产、经营、销售或服务的企业，包括各种直接从事农业生产的经营实体以及诸如农产品加工厂、农机公司、农贸公司、饲料厂等为农业生产服务的经济实体。它们主要是以新产品、新技术、新服务的示范、推广、培训等形式向农民提供涉农信息（包括信息产品和服务）。IT 企业主要是从事开发和利用信息技术的企业，拥有专业人员和专门技术，在涉农信息供给中，主要进行涉农信息服务的供给，进行农村信息设施建设、建立涉农信息服务平台、提供信息咨询服务、提供信息技术培训等。例如，中国移动、中国联通和中国电信等承担了"村村通工程"任务，加大农村通信设施投入，加快光缆网建设，不断提高光缆覆盖率，整合各类社会资源，加强农村信息服务站建设，先后推出"12316农科在线""三农手机报""农信通"平台、"信息田园"综合信息服务平台等，为广大农民朋友提供涉农信息服务。

农民合作组织主要是指农民自办的合作组织，是由从事同种农产品生产经营的农户，按照自愿、平等、互利等原则组成的"民办、民管、民受益"的群众性经济合作组织，主要包括农民专业合作社、农民自助组织、农产品行业协会、农村专业技术协会、农村专业经济协会、以农民为基础的企业或公司、以农民为核心而成立的专业组织等。在运行过程中，农民合作组织以生产经营为基础，以科技为支撑，以市场为导向，以增加农民收入为目的，实行自我管理、自我服务、自我发展。[1] 在涉农信息供给中，农民合作组织通过技术引进、研发、培训、指导等形式进行技术和信息交流，传授新技术或实用技术，提供生产咨询服务或生产全过程系列化服务，提供市场信息，统一产品生产、销售等。

涉农信息服务的个人主要是指向农民提供信息服务的农村信息员、农村经纪人和种养大户等。农村信息员是直接与农民打交道的基层涉农信息服务者，是供给涉农信息和服务的最直接、有效的载体，主要向农民供给生产方面的信息服务，一般由乡镇政府或农业信息中心委派专人担任，其信息服务具有较强的针对性且服务方式

---

[1] 刘艳苏、路继纯：《中国农业信息市场的主体分析》，《农业图书情报学刊》2007年第5期。

相对灵活。农村经纪人是指在农村经济领域，以收取佣金为目的，为买卖商品提供信息和服务的公民、法人和其他经济组织。[①] 在涉农信息供给中，经纪人起着互通有无、传递信息的沟通渠道作用，向农民提供市场需求信息，调整种植结构，推荐质量高、效益高的作物品种，等等。由于受农村经济发展水平的制约，目前中国农村经纪人的发展很不平衡，在经济发展比较慢的地区，农村经纪人的发展相对较慢，伴随农村经济和农村社会的全面发展，农村经纪人将成为涉农信息服务中具有很大潜力的主体形式。[②] 种养大户在农业生产经营中对农户起到带动和辐射作用，其所得信息具有较高真实性、认可度。

三、涉农信息供给的影响因素

涉农信息供给包括涉农信息生产和涉农信息传播两个环节。因此，凡是影响涉农信息生产和涉农信息传播的因素，都会影响到涉农信息的供给。从总体上看，影响涉农信息供给的因素主要有以下方面。

（1）农民的信息需求

涉农信息供给的目的就是根据农民的需要，向农民提供信息产品或信息服务或者发布、传播相关的涉农信息。农民的信息需求为涉农信息供给提供了可能性，同时也决定着涉农信息供给的规模和质量。不同农民在经济条件、受教育程度、信息素质、所从事的农业生产种类和规模以及所处自然条件和社会条件等方面的差异，决

---

① 百度百科：《农村经纪人》，见 http://baike.baidu.com/subview/2229171/15048458.htm?fr=aladdin。

② 易法敏、张光辉：《农业商务信息的多元主体供给模式探讨》，《财贸研究》2009 年第 2 期。

定了其信息需求的不同，进而决定了涉农信息供给所提供的信息在种类、广度、深度、供给途径和方式等方面的要求也不尽相同。因此，根据农民的信息需求特点提供涉农信息产品和服务，可以提高涉农信息供给的针对性和有效性，满足不同农民的信息需求，提高农民对所需信息的拥有程度，从而降低农民的信息不对称程度。

（2）涉农信息产品（包括服务）的供给成本和价格

涉农信息产品（包括服务）的供给成本是指涉农信息生产和传递过程中的各种费用，主要包括计算机和网络等硬件系统配置费用、程序和数据库等软件系统配置费用、信息技术研发费用以及信息的采集、加工处理、发布以及人员管理等费用。它是研究涉农信息供给的基础指标，直接关系到投资主体的类型。对于供给成本很高的涉农信息产品，私人厂商一般不愿或很难供给，往往由政府或公益组织供给。涉农信息产品的成本与涉农信息供给呈反向关系，而涉农信息产品的价格与其供给之间则为同向关系，即在信息产品价格不变的情形下，如果信息产品的供给成本增大，信息供给者获得的收益就会减少，市场供给量就会减少，反之则相反；而在信息产品成本不变的情形下，如果信息产品价格上涨，信息供给者的利润就会增加，市场供给量就会增加，反之亦然。

（3）信息技术水平

信息技术是指利用计算机和通信手段获取、传递、存储、处理、显示、分配信息等的相关技术。网络时代，信息技术的快速发展为涉农信息的有效供给提供技术支撑。较高的信息技术水平，可以有效地降低涉农信息产品的供给成本，缩短信息产品的生产和传播时间，及时、快速地向农民提供大批量的涉农信息产品。

（4）涉农信息供给人员的素质

涉农信息的生产和服务具有较强的专业性，因此涉农信息供给人员不仅要求有一定的信息素质，而且还要求有相应的专业素质。涉农信息供给人员的素质在很大程度上决定着供给的涉农信息的质量。涉农信息供给人员的素质高，供给的涉农信息的质量就高，农民信息需要的满足程度就高，信息不对称程度就相对比较弱；相反，具有较低信息素质和专业素质的涉农信息供给人员，其所提供的涉农信息往往难以满足农民的信息需求，农民的信息拥有程度就低，其信息不对称程度就比较明显。

（5）政府的监督和管理

政府作为涉农信息供给的主要主体，既要提供涉农信息，又要对其他涉农信息供给主体进行监督和管理。政府的监督和管理主要有：对涉农信息资源的开发、利用进行总体规划和指导；加强农业信息和农村信息网络的标准化建设，规范涉农信息供给行为；加强涉农信息供给市场的管理和立法，减少和杜绝假冒伪劣信息对农民带来的危害。政府通过对涉农信息供给的有效监督和科学管理，可以为涉农信息供给创造良好的环境，促进涉农信息供给的规范化、规模化、现代化。

四、涉农信息供给的主要模式

1954 年，美国经济学家保罗·萨缪尔森（Paul A. Samuelson）在《公共支出的纯理论》一文中，区分了公共物品和私人物品，指出公共物品具有非竞争性与非排他性的特性，其中非竞争性指某人对某公共物品的消费和享用，不妨碍或不排斥他人对该物品的消费和享用，即增加该物品的消费所引起的边际生产成本为零；非排他性是指不可能排除任何人消费公共物品，就是一旦把公共物品提供给某消费者消费，就不可能阻止其他消费者从中受益。私人物品则有消费上的竞争性与排他性的特性。涉农信息介于公共物品和私人物品之间，既具有公共物品之非竞争性与非排他性，又具有私人物品的部分特征：一是消费上非竞争性的不彻底，即增加消费者所引起的边际成本不一定为零；二是存在排他性的可能。[①]

　　这样，涉农信息供给者可以是非营利性质的，也可以是适当营利或营利性质的。基于此，涉农信息供给模式概括起来主要有三种：政府扶持型模式、农民社团组织引领型模式和市场牵引型模式。

　　（1）政府扶持型涉农信息供给模式

　　政府扶持型涉农信息供给是中央与地方政府的行政管理机构，依据国家农业农村信息化发展规划，使用、协调和整合用于农村信息服务发展所需的各类资源，组织涉农信息的生产和传播，主要是由中央、地方（省、市）、基层（县、镇/乡）等各级政府及各级农业部门的信息服务中心/站、农业技术推广中心/站等部门供给涉农信息，此外也有农业教学科研机构、涉农报社、广播电视局等单位参与涉农信息的供给。该模式具有多种表现形式，例如："省、地信息中心——县级信息服务机构——乡/镇信息服务站——农户""县农技推广中心——乡/镇农技综合服务站——村农技服务组/科技示范户""专家组+农技人员+科技示范户+辐射带动户"及"政府（农业部门）+农村信息员+农户"，[②] 等等。

---

　　① 孙贵珍：《河北省农村信息贫困问题研究》，河北农业大学商学院 2010 年博士学位论文，第 74—75 页。
　　② 肖卫东、杜志雄：《农业生产性服务业发展的主要模式及其经济效应——对河南省发展现代农业的调查》，《学习与探索》2012 年第 9 期。

该模式依赖于政府投资，以无偿服务的形式向农民提供公益性涉农信息。提供的涉农信息主要包括：农林、畜牧、农田水利、粮食等涉农相关部门的基础性信息、政策法规和规范标准等政府信息，农业科普知识、农业科技新成果、新方法、新工艺、新技术等科技教育信息，涉及农业产前、产中和产后等各环节的专业信息服务以及农产品价格、生产资料供求等市场信息。该模式的运行流程是：国家、省、市、县财政划拨信息化建设专项经费，由基层政府涉农部门负责支配，组织指导信息基础设施、信息资源、信息人才等方面的建设工作，然后把资金的投入转化为涉农信息的输出，通过农村信息员、供销大户和种养大户辐射带动广大农户，完成涉农信息进村入户。

（2）农民社团组织引领型涉农信息供给模式

农民社团组织是指以自愿互利为原则、以农民为主体的农业生产经营者自发或在政府支持下组织起来的自助组织，包括农民经济合作社、农民专业合作组织、农民专业技术协会、农业行业协会、家庭农场、农业种养大户等。其组织特征主要有：自愿性、非营利性、民间性、组织性、自治性、公益性。

农民社团组织引领型涉农信息供给是指由农民社团组织向其会员推广优质品种的种植、养殖和农业标准化生产等生产性服务，提供技术服务、组织培训、专家咨询、农产品质量安全标准以及农业相关信息的搜集、整理、宣传和发布等涉农信息及服务的信息供给模式。该模式的表现形式有"农业协会＋农户""农业科研院所/高等院校＋农民专业合作社＋农户""农民专业合作社＋超市＋农户"等。

该模式以自筹资金的投资机制开展自助式信息服务，通过向会员提供公益性涉农信息，以满足其信息需求，实现整体利益的最大化。该模式的运行流程是：由会员向社团组织交纳一定的会费，作为社团组织正常运作的基金或活动经费，开展搜集信息、聘请专家、组织服务活动等工作，为会员提供信息服务，并带动和影响其他农户。在涉农信息供给中，农民社团组织还可以寻求当地政府的财政支持或财政补贴，或者同其他组织或企业建立合作关系，从中获得一定的资金支持。

（3）市场牵引型涉农信息供给模式

市场牵引型涉农信息供给是指由私人或企业等作为涉农信息供给主体，为实现自身利益，通过市场以有偿服务的形式向农民提供涉农信息。该模式的信息供给主体主要包括信息企业和农业企业两类。信息企业根据价值规律对所提供的涉农信息产品及服务进行合理定价，向获取信息或享受服务的用户收取相应费用。农业企业与农户通过签订农产品购销合同（订单农业）联结起来，农业企业会向农户提供必要的技术指导、生产管理和信息咨询等服务或者向农户提供产前、产中、产后的全过程综合配套服务，农户根据合同要求为企业生产合格的农产品，企业按照合同规定的价格收购农产品，双方在诚信的基础上实现合作双赢，以保证下次生产合作订单的顺利签订。该模式的表现形式有"农产品信息市场+农户""超市+农民专业合作社+农户""企业+基地+农户""企业+农业园区（食品工业园）+农户""农户+农业经营服务公司+龙头企业"等。

该模式以有偿服务的形式向农民提供具有明显竞争性或排他性的涉农信息，这些信息是部分或个别农户进行农业生产所必需的。该模式主要通过合同形式、股份制形式融入市场，投资各方按照"谁投资谁受益"的原则，共同分配信息供给所获得的利益。

第二节　基于农民认知的涉农信息供给调查

涉农信息供给的目的在于满足用户的涉农信息需求，降低农业生产经营的风险和不确定性，实现农业增效农民增收。农民是利用涉农信息的最主要的主体，从农民认知视角考察涉农信息的供给，是客观评价涉农信息供给有效性的一个重要依据。本节通过对农民进行有关涉农信息需求供给方面的问卷调查和实地调查，对涉农信息供给优劣进行定性分析和定量分析，从信息供给侧探究农民信息不对称问题产生的主要原因，以期为解决农民信息不对称问题提供参考和借鉴。

调查采用随机抽样方法，对黑龙江省、河北省、海南省、安徽省、河南省、云南省、内蒙古自治区等 7 省区的 82 个地级市、482 个县（区、市）的 1574 个农民进行了涉农信息供给方面的调查，调查内容主要包括三个方面：供给的涉农信息、涉农信息供给环境、涉农信息供给主体，调查统计结果分别见表 5-1、表 5-2 和表 5-3。

一、对供给涉农信息的调查

基于农民的认知，关于涉农信息供给主体所供给的涉农信息的调查，主要涉及农民对涉农信息是否满意、涉农信息是否符合农民的生产生活需求以及涉农信息对农民的影响程度等方面。表 5-1 是对供给涉农信息调查的统计结果。

由调查结果可知，当前供给的涉农信息在很大程度上不能满足农民的信息需要，表现在所供给的涉农信息的数量不足、质量不高，信息的有效性、时效性、实用性较差，存在一定程度的虚假信息。由此可知，涉农信息供体提供的涉农信息及服务与农民的实际需求存在较大差距，农民的信息需求得不到及时满足，农民的信息占有量少、拥有程度低，信息不对称程度增加。因此，供给信息不能满足农民的需要，是农民信息不对称问题产生的重要因素之一。

表 5-1　基于农民认知的供给涉农信息的调查统计结果

调查内容	调查结果				
①您对所获取的信息满意吗？	A. 满意	B. 不满意			
	32.21%	67.79%			
如不满意，原因是什么？	A. 不真实	B. 不及时	C. 数量不够	D. 无所需信息	E. 其他
	17.99%	53.23%	34.68%	16.40%	0.66%
②限制您不能及时获取信息的主要因素是什么？	A. 害怕假信息	B. 经济条件	C. 个人文化素质	D. 缺乏适合的信息	E. 缺乏信息渠道
	40.09%	22.68%	20.46%	28.14%	28.27%
③您当前获取农业信息存在的主要问题？	A. 获得的途径少	B. 供给不及时	C. 信息供给量少	D. 实用性不高	E. 供给不连续
	51.72%	29.73%	28.78%	24.52%	18.55%
④当前农村信息化有无给您带来切身利益？	A. 有，很大	B. 有，不大	C. 没有		
	11.25%	69.50%	19.25%		
⑤您对当前农村信息化建设成果如何评价？	A. 很好	B. 一般	C. 很差	D. 不清楚	
	12.39%	64.80%	13.09%	9.72%	

（1）关于农民对所供涉农信息的满意度调查。符合和满足信息用户需要的信息，用户对其的满意度就高，反之则相反。从表

5-1中的调查项①可知，农民对所供涉农信息的满意度较低，有67.79%的农民对所获取的信息不满意，说明当前所供给的涉农信息不能有效地满足农民的信息需要。

（2）关于所供涉农信息的供给数量的调查。由表5-1中的调查项①和调查项③可知，所供涉农信息的数量不足，不能满足农民信息需要，是导致农民对涉农信息不满意的原因之一。在调查项①中，关于"农民对所获取信息不满意的原因"的调查，34.68%的农民选择信息"数量不够"，在5个选项中居第二位；在调查项③中，关于"您当前获取农业信息存在的主要问题"的调查，28.78%的农民选择"信息供给量少"，在5个选项中居第三位。

（3）关于所供涉农信息的供给质量的调查。由表5-1中的调查项①、调查项②和调查项③可知，当前所供给的涉农信息的质量，整体上不高，主要表现为时效性差、实用性差、存在虚假信息。在信息时效性方面，调查项①中，53.23%的农民选择信息"不及时"是其对信息不满意的原因，在4个选项中居第一位；在调查项③中，29.73%的农民选择"供给不及时"是其当前获取农业信息存在的主要问题，在5个选项中居第二位。这说明当前所供给的涉农信息时效性差，即信息不及时，就会使信息失去价值，不能满足农民的信息需求。在信息的实用性方面，在调查项②中，28.14%的农民选择"缺乏适合的信息"是限制其不能及时获取信息的主要因素，在5个选项中居第三位；在调查项③中，有24.52%的农民选择"实用性不高"是其当前获取农业信息存在的主要问题，这说明当前所供的涉农信息实用性不强。在信息的真伪性方面，在调查项①中，17.99%的农民选择信息"不真实"是其对信息不满意的原因，在 4 个选项中居第三位；在调查项②中，40.09%的农民选择"害怕虚假信息"是限制其获取信息的主要因素，在 5 个选项中居第一位，这说明供给的涉农信息存在一定的虚假信息，在一定程度上制约着农民获取信息及农民信息需求的满足。

（4）关于农村信息化对农民影响的调查。农村信息化就是计算机技术和通信技术在农村生产、生活及社会管理中实现普遍应用和推广的过程，它是通过农村信息化基础设施建设、农村信息资源的整合和共享及农村信息服务供给等方面向农民提供相关涉农信息，帮助农民生产和销售。① 表 5-1 中的调查项④，考察农民在农村信息化建设中是否受益及受益程度，调查结果为 80.75%的农民认为从农村信息化中受益，其中仅有 11.25%的农民认为受益很大，69.50%的农民认为受益不大，而 19.25%的农民认为没有受益；由调查项⑤可知农民对农村信息化建设成果的整体评价，12.39%的农民认为农村信息化建设成果很好，而 64.80%的农民认为农村信息化建设成果一般，13.09%的农民认为很差，这说明农村信息化向农民所提供的涉农信息产品和服务同农民的信息需求还存在一定的差距，农村信息化建设需要进一步发展、完善，更好地服务于"三农"建设。

二、对涉农信息供给环境的调查

基于农民的认知，关于涉农信息的供给环境调查，主要涉及信息供给渠道、农村信息市场发展程度和信息基础设施等方面。表

---

① 郭作玉：《中国农村市场信息服务概论（修订版）》，中国农业出版社 2008 年版，第 5 页。

5-2 是涉农信息供给环境的调查结果。

由调查结果可知，当前通过互联网、农民组织、涉农信息机构和相关企业等渠道供给的涉农信息在一定程度上不符合农民的信息需求，农村信息市场发展缓慢，农村基础设施整体上比较落后，制约了涉农信息的有效供给，成为农民信息不对称问题产生的重要原因。

表 5-2 基于农民认知视角的涉农信息供给环境调查结果

调查内容	调查结果				
①您经常获取信息的主要渠道/来源有什么?	A. 广播	B. 电视	C. 电话	D. 互联网	E. 培训/讲座
	9.69%	31.93%	27.14%	8.15%	2.28%
	F. 报纸杂志等	G. 农民组织	H. 亲朋邻居	I. 村干部	J. 信息机构
	7.58%	5.64%	37.00%	15.68%	4.05%
②出售农产品时，您如何获得有关价格信息?	A. 自己去市场了解	B. 听其他人介绍	C. 通过广播、电视、报刊等	D. 通过网络查询	E. 其他
	48.28%	40.66%	14.17%	11.88%	2.03%
③您通过哪种方式出售农产品?	A. 坐等贩子或经纪人上门	B. 自己到市场流动出售	C. 通过亲朋好友联系	D. 通过网络/媒体发布信息	E. 其他
	32.47%	44.73	12.58%	5.15%	4.96%
④您认为农村信息化建设应在哪些方面努力?	A. 硬件设施	B. 软件设施	C. 不了解	D. 其他	
	52.41%	40.60%	12.71%	1.52%	

（1）涉农信息供给渠道调查。由调查结果可知，当前农民获取涉农信息的主要渠道是以亲朋邻里为主的人际传播和以电视、电话为主的大众传播。表 5-2 中的调查项①是关于农民"经常获取

信息的主要渠道/来源"调查，被调查农民选择"亲朋邻居""电视""电话"的比例依次为37%、31.93%、27.14%，居前三位；之后的选项依次是"村干部""广播""互联网""报刊杂志等"，比例依次为15.68%、9.69%、8.15%、7.58%；排在后面的选项为"农民组织""信息机构""培训/讲座"，比例依次为5.64%、4.05%、2.28%。这说明，目前大多数农民通过互联网、农民组织等渠道获取信息的比例较低。信息社会，通过互联网渠道可以帮助人们及时、快速地获取所需信息，通过农民组织渠道可以降低人们获取信息和使用信息的成本，因此进一步建设、发展、完善这些信息渠道，在一定程度上有利于促进涉农信息的传播和满足农民的信息需求。

（2）农村信息市场发展程度调查。农村信息市场就是通过提供各种涉农信息以满足用户信息需要的信息交换场所。信息的时效性特点决定了过时的信息就失去了价值，当前互联网是信息传递的最快捷的方式，在农产品交易时，能否及时地利用互联网传递相关信息是衡量农村信息市场发展程度的一个重要指标。由表5-2中的调查项②和调查项③可知，农民通过互联网获取或发布信息的比例较低，说明农村信息市场发展相对缓慢、滞后，同时也反映出农村信息市场有很大发展潜力和发展空间。调查项②是关于农民"出售农产品时，如何获得有关价格信息？"这一问题仅有11.88%的农民选择"通过网络查询"，在5个选项中居第四位；调查项③是关于农民"通过哪种方式出售农产品？"，仅有5.15%的农民选择"通过网络/媒体发布信息"，在5个选项中列第四位，这说明农村信息市场发展比较缓慢，制约着涉农信息的有效供给，导致涉农信息供给不足。

（3）信息基础设施的调查。农村信息化基础设施是农村信息化建设和涉农信息供给的物质基础。由调查结果可知，农村信息基础设施整体上比较落后，严重制约了农村信息化的发展进程和涉农信息的有效供给。表5-2中的调查项④是关于农民"认为农村信息化建设应在哪些方面努力"的调查，52.41%的农民选择"硬件设施"，40.60%的农民选择"软件设施"，在4个选项中处于前两位，这说明，从农民认知视角，农村信息化基础设施建设相对落后制约了农村信息化的发展和涉农信息的有效供给，成为农民信息不对称问题产生的重要原因之一。

三、对涉农信息供给主体的调查

基于农民的认知，关于涉农信息的供给主体方面的调查，主要涉及信息供给的资金投入、农村信息员和农民合作组织、供者的涉农信息供给情况及组织技术培训等方面内容。表5-3为涉农信息供给主体调查结果。

由调查结果可知，当前涉农信息供给主体在涉农信息供给方面的资金投入整体上不足；村级的信息服务站较少，农村信息员缺乏，农民合作社和农业协会等农民自助组织较少；现有信息供给组织的功能和作用没有得到充分地行使和发挥，向农民提供的有关农业技术等方面的学习、技术培训等活动较少，并且提供的相关信息服务在一定程度上不能满足农民的需要，导致所提供的涉农信息总量不足，涉农信息供给不能满足农民的实际需要，致使农民不能及时拥有所需信息，在信息拥有方面处于劣势，由此往往带来农民生产经营中的信息不对称问题。

表 5-3 基于农民认知视角的涉农信息供给主体调查结果

调查内容	调查结果				
①您认为农村信息化建设的主要障碍是什么?	A. 资金不足	B. 信息技术人员缺乏	C. 领导不重视	D. 农民缺乏信息意识	E. 农民科技素质低
	33.04%	44.03%	21.22%	25.16%	21.16%
②您认为农民不能及时获取信息的主要因素是什么?	A. 资金不足	B. 农村信息员缺乏	C. 领导不重视	D. 农民缺乏信息意识	E. 不会用电脑、网络
	31.45%	57.31%	36.28%	56.61%	46.57%
③您所在的村有信息服务站吗?	A. 没有	B. 有			
	73.95%	26.05%			
④您村有农民合作社或农业协会等组织吗?如果有,您加入了吗?	A. 没有	B. 有	C. 加入	D. 没加入	
	69.82%	30.18%	69.05%	30.95%	
⑤您所在村/乡镇/县等部门组织农业技术等方面的学习、培训吗?	A. 无	B. 有			
	62.09%	37.91%			
如果有,组织者是:	A. 县	B. 乡/镇	C. 村	D. 农协等组织	E. 龙头企业
	23.18%	37.56%	24.88%	9.12%	5.26%
组织次数/年:	A.1 次	B.2 次	C.3 次	D.4 次	E.5 次以上
	45.56%	32.96%	14.54%	3.55%	3.39%

（1）对涉农信息供给投入资金的调查。由表 5-3 中的调查项①和调查项③可知，涉农信息供给的资金投入不足，直接影响和制约着基层信息服务站（或中心）的有无，进一步影响和制约着涉农信息的基层供给。农村信息服务站是农民获取涉农信息的重要渠道。农村信息服务站所需经费部分来自于财政专款，部分来自于自筹资金。由于地方财政能力有限，如果领导不重视或者自筹资金不能及时到位，资金缺乏会影响到农村信息服务站的正常运转，制约

着涉农信息的有效供给，甚至影响到农村信息服务站能否建立。在调查项①中，从农民认知视角关于"农村信息化建设的主要障碍因素"的调查，在 5 个选项中列前两位的选项是"信息技术人员缺乏"（比例达 33.04%）和"资金不足"（比例达 31.45%）；在调查项③中关于"您所在村有无信息服务站"的调查，26.05%的农民选择"有"，73.95%的农民选择"没有"。这说明涉农信息供给投入资金不足，一方面致使农村信息服务站缺乏信息技术人员，而且现有人员也不能得到及时的学习、培训，导致运转低效；另一方面致使村级信息服务站（或中心）不能建立、运转，导致涉农信息供给不足。

（2）对农村信息员和农民合作组织的调查。农村信息员是向农民提供涉农信息的有效传播者，是推进农业科技成果等涉农信息在农村广泛推广、应用的重要保证。由表 5-3 中的调查项②可知，目前农村信息员较少，降低了涉农信息在基层的传播效果。调查项②，是对"您认为农民不能及时获取信息的主要因素是什么？"的调查，57.31%的农民选择"农村信息员缺乏"，在 5 个选项中居第一位。从农民认知视角，农村信息员缺乏使涉农信息不能及时上传下达，成为不能及时获取信息的最重要的原因。农民合作组织是以自愿互利原则组织起来的农民自助组织，向其会员提供生产管理和技术服务、组织培训、专家咨询以及涉农信息的搜集、宣传和发布等服务，是与农民距离最近、生产联系最密切的涉农信息供给者。表 5-3 中的调查项④是关于"您村有农民合作社或农业协会等组织吗"的调查，69.82%的农民选择"没有"，30.18%的农民选择"有"，说明多数农村地区还没有农民合作社或农业协会等自助组织，这在一定程度上影响着涉农信息的有效供给和获取；而对于所在村有农民合作社或农业协会等组织的调查者中，69.05%的农民选择"加入"，30.95%的农民选择"没加入"，这说明要加大对农民合作社或农业协会等农民合作组织的宣传、引导和支持，使之成为涉农信息的有效供给者，使农民真正地认识它、接受它，成为涉农信息的受益者。

（3）对所提供的农业技术等学习、培训状况的调查。农民进行农业技术等方面的学习、培训，是农民直接获得相关涉农信息的一种有效的方式。对农民进行涉农技术等学习、培训的主体主要有：基层涉农部门的农业技术推广中心（站）或信息服务中心（站）、农村合作组织、农村龙头企业等，它们所提供的技能培训影响到农民对相关涉农信息的获取和拥有程度。经常参加学习、培训的农民，了解的信息就比较多，思想就比较开放，信息意识就比较强，信息能力就比较高，拥有的信息就比较多。表5-3中的调查项⑤是关于"您所在村/乡镇/县等部门组织农业技术等方面的学习、培训"的调查，调查结果为62.09%的被调查者选择"无"，37.91%的被调查者选择"有"，这说明通过农业技能培训向农民提供涉农信息的信息供给方式，在多数农村地区没有得到充分利用和推广。在关于农业技术培训的"组织者"调查中，排在前三位的选项依次为"乡/镇""村""县"，选项"农协等组织"和"龙头企业"分别排在第四位、第五位；在关于农业技术培训"组织次数/年"的调查中，每年培训次数主要在1—2次，4—5次的培训所占比例仅7%左右，这说明对农民进行农业技术培训的组织者主要是基层政府及涉农部门，而且培训的次数比较少，不足以满足农民对相关涉农信息的需要，就会导致农民信息不对称问题。

第三节　涉农信息供给的不完全信息动态博弈分析

农民涉农信息需求的多样性为不同的市场主体供给涉农信息提供了广阔的发展空间。多数涉农信息所具有的公共物品特性决定了政府应该在涉农信息供给中处于主导地位和起主导作用，政府首先要为涉农信息供给提供良好的环境，在此基础上其他涉农信息供给主体才能更好地发挥作用。因此，我国涉农信息供给的发展和完善应该是以政府为主导、各类企业（电信企业、涉农企业、农村信息服务企业等）和农民社团组织等多种主体共同参与、相互协作、互补和促进的过程。政府、农民和信息供给中介组织（企业、农民社团组织）的资源数量是有限的，这在一定程度上制约和影响着涉农信息供给主体和农民的受益程度，由此带来信息供给主体和农民之间的利益博弈。市场经济中，政府、信息供给中介组织和农民都是独立的利益主体，各方在涉农信息供给中通过博弈都在争取各自的利益和目标：政府的主要目标是实现涉农信息供给效益的最大化，促进农业发展、农民增收和农村经济增长；涉农信息供给中介组织的主要目标是实现利润最大化或成员整体利益的最大化；农民的主要目标是获取所需信息实现自身利益的最大化。

在涉农信息供给中，博弈各方在信息资源的拥有上、信息对称程度、组织化程度、交易费用等方面存在着差异，参与人难以掌握对方的精确信息，往往处于不完全信息状态，例如农民作为参与人（决策主体）在绝大多数情况下对信息供给主体在信息供给方面的信息（如成本、收益、信息质量等）难以准确掌握，即多数情况下博弈属于不完全信息博弈。此外涉农信息供给是一个动态过程，参与人的行动往往具有先后次序，后行动者能观测到先行动者的行动并从中来获取信息，① 即博弈类型属于动态博弈。为了便于分析，本章对政府与农民之间、涉农信息供给中介组织与农民之间的不完全信息动态博弈进行分析，以从信息供给侧探究农民信息不对称问题产生的原因。

一、基层政府和农民的不完全信息动态博弈分析

政府在涉农信息供给中起主导作用，对涉农信息供给进行引导和扶持，如制定相关规划和政策、提供信息基础设施、提供资金支持等，成为影响农民利用涉农信息的重要因素。在此基础上，政府对涉农信息供给的管理状况直接影响着农民信息需求或信息消费的行为趋向，成为影响涉农信息持续供给的重要因素。

农民与政府之间的博弈有两种：农民与基层政府（县、镇/乡各级政府）之间的博弈、农民与上级政府（包括中央政府、省市各级政府）之间的博弈。由于农民与基层政府经常打交道，而且农民与上级政府之间的博弈同农民与基层政府间的博弈类似，因此在农民与政府的博弈分析中，将政府一方界定为基层政府。

建立基层政府和农民的不完全信息动态博弈模型，需要做以下假定：

1. 涉农信息供给中的博弈参与人只有两个：基层政府和农民。

2. 基层政府和农民都是理性的"经济人"，以实现自身利益最大化为目标。

---

① 张维迎：《博弈论与信息经济学》，格致出版社、上海人民出版社 2012 年版，第27 页。

3. 农民对基层政府涉农信息供给掌握的信息不完全，不知道基层政府的成本和收益，无法确定地方政府是否能对涉农信息的供给进行科学、完善的管理。

4. 农民对涉农信息有相应的支付或购买能力。

5. 基层政府首先选择是否供给涉农信息，即对涉农信息的供给是否进行支持和引导，然后农民根据对基层政府行动的观察，选择"利用"或"不利用"涉农信息。

根据上述假定，建立基层政府和农民的不完全信息动态博弈模型，见图5-3。图中，G：政府，P：农民，N：自然。

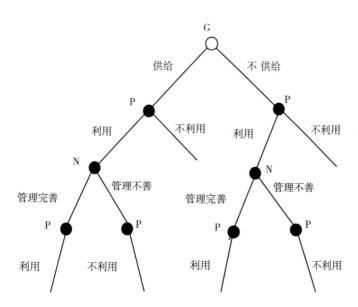

图5-3 基层政府和农民的不完全信息动态博弈树

由图5-3可知，基层政府和农民双方博弈的行动顺序为：（1）基层政府首先行动，选择"供给"或"不供给"涉农信息；（2）在基层政府决策后，农民选择"利用"或"不利用"涉农信息；（3）由自然选择基层政府对涉农信息供给的"管理完善"或"管理不完善";（4）农民在观测到地方政府涉农信息供给的决策及其管理状况后，对已有的不完全信息进行修正，决定是否继续"利用"或"不利用"涉农信息。

根据图 5-3 得到，不完全信息条件下，基层政府和农民之间的博弈路径有以下 6 种（见表 5-4）：

表 5-4　不完全信息条件下基层政府和农民的动态博弈路径

路径	政府供给	农民利用	自然选择	继续利用
1	否	否	—	—
2	是	否	—	—
3	否	是	管理不善	否
4	是	是	管理不善	否
5	否	是	管理完善	是
6	是	是	管理完善	是

路径 1. 政府选择"不供给"，农民选择"不利用"，涉农信息供给不能进行。

路径 2. 政府选择"供给"，农民选择"不利用"，涉农信息供给不能进行。

路径 3. 政府选择"不供给"，农民选择"利用"，涉农信息供给能够发展；之后，由自然选择涉农信息供给的管理状况，"管理不善"则农民再次选择"不利用"，涉农信息供给不能继续发展。

路径 4. 政府选择"供给"，农民选择"利用"，涉农信息供给能够发展；之后，由自然选择涉农信息供给的管理状况，"管理不善"则农民再次选择"不利用"，涉农信息供给不能继续发展。

路径 5. 政府选择"不供给"，农民选择"利用"，涉农信息供给能够发展；之后，由自然选择涉农信息供给的管理状况，"管理完善"则可以吸引农民继续选择"利用",涉农信息供给能继续发展。

路径 6. 政府选择"供给",农民选择"利用",涉农信息供给能够发展;之后,由自然选择涉农信息供给的管理状况,"管理完善"则可以吸引农民继续选择"利用",涉农信息供给能够继续发展。

分析上述 6 种博弈路径,在路径 1 和路径 2 中农民选择"不利用",涉农信息供给由于缺少农民的参与而不能实现;在路径 3 和路径 4 中农民选择"利用",涉农信息供给能够进行,但由于自然选择"管理不善",农民选择"不利用"即不能继续利用,涉农信息供给也不能继续发展;在路径 5 和路径 6 中农民选择"利用",自然选择"管理完善",农民继续选择"利用",涉农信息供给能够继续发展。

可见,在路径 1、路径 2、路径 3 和路径 4 中,涉农信息供给不能实现或不能持续进行,导致涉农信息供给不足,农民的信息需求得不到满足、信息拥有量少,加大了农民的信息不对称程度;在路径 5 和路径 6 中,涉农信息供给能够继续发展,有利于农民利用信息满足信息需求,可以有效降低农民的信息不对称。

综上,通过基层政府和农民之间的不完全信息动态博弈分析可知,在不完全信息情况下,农民对基层政府供给涉农信息的成本、收益和意图缺乏认知和了解,为了实现自身利益的最大化,农民会根据自身实际情况、成本收益、对政府供给涉农信息的经验性认识来确定是否利用涉农信息。当信息被利用后,农民会通过观测不断修正政府在涉农信息供给方面的已有的不完全信息,如果发现管理完善、供给的信息满足自身需要并增加了收益,就会选择继续利用信息，信息的拥有量增加，信息不对称程度就会不断降低；如果管理不善、供给信息差、收益得不到保障，就不会选择继续利用信息，信息的拥有量就少，信息不对称程度就会逐渐增强。由此可见，政府对涉农信息供给的管理状况和信息供给状况，直接影响着农民能否利用信息和农民的信息不对称程度，政府对涉农信息供给的管理不善、信息供给不佳，是导致农民信息不对称问题产生的一个重要原因。

实际上，各级政府在涉农信息供给中存在层层的"委托—代理"关系，即在中央政府和地方政府、地方政府和基层政府之间存在着"委托—代理"关系。由于委托人和代理人所拥有的信息不完全，同时作为涉农信息供给者又均以实现自身利益最大化为目标，因此各级政府之间必然存在利益博弈。在涉农信息供给中，党中央和地方政府分别是制定政策主体和政策执行主体，党中央制定涉农信息供给政策的目的是满足农民的信息需要，减少农民生产生活中的不确定性，促进农业增产增收，增进农民福祉，所以代表的是农民的整体利益；地方政府代表局部或区域利益，在执行政策时，作为理性的"经济人"，获益越大，政策执行越到位，反之则不到位，甚至替换、抵制。例如：农村信息化建设投资大、见效慢，部分地方政府为追求政绩和眼前经济利益，更注重投资小、见效快的项目，对农村信息化建设不重视、支持力度不够，导致农村信息化建设发展缓慢，涉农信息供给管理不完善及涉农信息供给不足。同样，地方政府和基层政府之间的利益博弈与之类似，也会导致涉农信息供给管理不完善、信息供给不足。表 5-1 是基于农民认知视角的供给涉农信息的调查结果，其中，调查项④和调查项⑤是关于农民对农村信息化的评价调查，在农村信息化建设的受益程度上，69.50%的农民认为受益不大，19.25%的农民认为没有受益；在农村信息化建设成果的整体评价上，64.80%的农民认为建设成果一般，13.09%的农民认为很差。可见，政府供给的涉农信息同农民的需求有一定差距，涉农信息供给的管理还有待趋于科学和完善。

当政府在某种激励政策下加大对涉农信息的供给时，农民在信息不完全的情况下多是以试试看的心态利用信息，一旦发现政府管理不善、监管不力，所提供的信息不符合自己的需要，不能带来收益增加，甚至收益下降时，下次就不会继续选择利用信息，涉农信息供给就不能持续下去，农民所需信息的拥有量就会降低，信息不对称程度就会增加。因此，加强基层政府对涉农信息供给的科学、高效、完善管理，提高涉农信息供给的质量和数量，对解决农民信息不对称问题具有重要作用。

二、涉农信息供给中介组织和农民的不完全信息动态博弈分析

在涉农信息供给中，涉农企业、电信企业、农民协会、行业协会、农民经济合作组织等供给主体虽然具有不同的地位、发挥不同的作用，但都承担着向农民提供一定的涉农信息和服务的任务。作为农民获取涉农信息和服务的不可忽视的来源、渠道，这些非政府组织是在政府的引导、协调和规范下向农民提供各自所负责的相关涉农信息，以满足农民的信息需求。在涉农信息供给的运行中，作为理性的"经济人"，这些组织中无论是营利组织还是非营利组织都是以最小成本获取最大的利益，具有较为相似的成本收益结构，为了分析方便，在博弈分析中把这些组织假设为一个博弈主体——

涉农信息供给中介组织。

农民的信息需求得不到满足是导致农民信息不对称问题的一个重要原因。涉农信息供给中介组织的主要任务就是向农民提供所需要的信息及有关服务，中介组织供给的涉农信息是否符合农民需要以及供给信息质量的优劣直接影响到农民能否有效地利用信息，关系到农民的信息需求能否得到满足，进而影响到农民能否掌握和拥有所需信息即信息对称与否。

建立涉农信息供给中介组织和农民的不完全信息动态博弈模型，需要做以下假定：

1. 涉农信息供给中的博弈参与人只有两个：涉农信息供给中介组织和农民。

2. 农民和涉农信息供给中介组织都是理性的"经济人"，都以实现自身利益最大化为目标。

3. 农民对所需信息具有支付或购买能力。

4. 农民对涉农信息供给中介组织的信息供给掌握的信息不完全，不知道中介组织供给涉农信息的成本和收益，无法确定中介组织供给的信息是否良好或符合自身需要。

5. 为实现自身利益最大化，农民首先选择是否利用涉农信息供给中介组织供给的信息，涉农信息供给中介组织选择是否供给良好或符合农民需要的涉农信息（包括信息服务）。

根据上述假定，建立涉农信息供给中介组织和农民的不完全信息动态博弈模型，见图5-4。图中，P：农民，N：自然。

图5-4可知，涉农信息供给中介组织和农民双方博弈的行动分为三个阶段：（1）农民行动，选择"利用"或"不利用"涉农信息；（2）自然选择涉农信息供给中介组织提供的涉农信息是否

良好或是否符合农民的需要；（3）农民在利用所供给的涉农信息之后，对已有的关于信息供给中介组织的不完全信息进行修正，决定"再次利用"或"不利用"涉农信息。

由此可知，农民在选择利用涉农信息的条件下，如果自然选择供给信息良好，农民会决定再次利用，这样，涉农信息供给中介组织从中获得了收益，农民的信息需求得到了满足，有利于促进涉农信息供给的不断发展，可以减少农民的信息不对称；反之，如果自然选择供给信息差，农民会决定下次不再利用，涉农信息供给中介组织的收益受损，农民的信息需求得不到有效满足，不利于涉农信息供给的持续发展，也会加大农民的信息不对称程度。

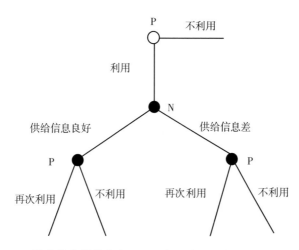

图5-4　涉农信息供给中介组织和农民的不完全信息动态博弈树

综上，通过涉农信息供给中介组织和农民之间的不完全信息动态博弈分析可知，在不完全信息情况下，农民对涉农信息供给中介组织的成本、收益和意图缺乏认知和了解，为实现利益最大化，农民根据自身情况、成本收益、对涉农信息供给中介组织的经验性认识来确定是否利用所供给的涉农信息。当农民利用信息后，就会不断修正对涉农信息供给中介组织的已有的不完全信息，在发现管理完善、供给信息良好且满足自身需要、自身收益得到保障时，就会选择继续利用信息，信息不对称程度就会不断减少；如果管理不善、供给信息差、自身利益得不到保障，就不会选择继续利用信息，信息不对称程度就会逐渐增强。由此可见，涉农信息供给中介组织供给信息的优劣以及供给信息是否符合农民的需要，直接影响着农民的信息不对称程度，涉农信息供给中介组织供给的信息差，是导致农民信息不对称问题产生的原因之一。

实际上，涉农信息供给中，政策信息、气象信息等具有自然垄断性、公益性的信息主要由政府供给，农业新品种、市场供需、技能培训、科技推广等具有较强专业性的信息可以由涉农信息供给中介组织供给。作为理性的"经济人"，追求利益最大化是涉农信息供给中介组织供给信息的动力，个性化、专业性强的涉农信息供给的高成本和居住分散、生产规模小、家庭收入和信息意识偏低的小农户，必然带来涉农信息供给的低收益，市场配置资源的基本规律不利于资本自发地向涉农信息供给领域流动，带来涉农信息供给不足。表 5-3 是基于农民认知视角的涉农信息供给主体的调查结果，调查项④是关于农民所在村"农民合作社或农业协会等组织"的调查，结果表明仅 30.18% 的农民所在村有这类组织，其中有69.05% 的农民加入了这些组织；调查项⑤是关于农民所在"村/乡镇/县等部门组织农业技术等方面的学习、培训"的调查，结果显示，仅 37.91% 的农民选择"有"，其中对于这些活动的组织者，仅 9.12% 的农民选择"农协等组织"，5.25% 的农民选择"龙头企业"是组织者，并且每年的培训次数不多，这说明农民合作组织、相关企业等涉农信息供给中介组织供给的涉农信息较少，不能满足农民的信息需求，在涉农信息供给中未能充分发挥作用。

在政府的引导、支持及一定的激励政策下，会有较多的涉农信息供给中介组织向农民提供涉农信息，具有较强信息意识的农民在信息不完全的情况下为实现利益最大化，一般会选择利用。随着信息的利用，农民会不断修正对涉农信息供给中介组织的不完全信息，如果所供给的信息质优价低与自身需要相符合，并能够带来收益的增加，就会继续利用信息，减少信息不对称程度；否则下次就不再继续利用信息，信息不对称程度亦就会增强。因此，加强政府对涉农信息供给中介组织的引导、激励、监管，完善涉农信息供给中介组织对涉农信息供给的管理，提供符合农民需要的良好涉农信息产品及服务，对解决农民信息不对称问题亦具有非常重要的作用。

第六章 从信息需求侧解决中国农民信息不对称问题的对策措施

在经济社会发展进程中，不同地区、部门、行业等领域发展的不平衡性使信息不对称问题成为信息社会不可避免的一种社会问题。信息时代，信息就是资源。市场经济环境下，资源优先配置在回报率高的地区或部门流动的基本规律使中国城乡差距不仅表现为城乡收入差距，也表现为城乡信息差距。由于城乡收入差距和城乡信息差距之间存在因果关系，两者的相互促进、相互影响，导致农民信息不对称问题日益显现，成为缩小城乡差距和改善农民生产生活的障碍因素。

导致农民信息不对称问题的诸多因素，可以从信息需求和信息供给两个层面得到体现。信息需求是信息消费的起点。从信息需求侧，在信息供给充足的情况下，如果农民的信息需求明确，其通过一定途径、借助一定手段获得的所需信息就多，即信息占有就多，相应的信息需求就能够得到满足，经过信息处理和信息再生，就可以直接或间接地消费信息，有效地解决信息不对称问题。因此，本章基于信息需求侧中国农民信息不对称问题的成因分析，针对农民信息意识和信息能力整体偏低、信息购买力部分不足等方面原因，提出解决农民信息不对称问题的相应对策措施。

第一节　增强农民的信息意识

意识是人脑对客观现实的自觉地、能动地反映。作为人所特有的心理现象，意识是通过感觉、知觉、记忆，特别是思维形成的一种高级认识活动，意识对客观世界具有能动的反作用，即人所特有的认识世界、改造世界的能力和活动，具有目的性、计划性、创造性、指导实践改造客观世界以及调控人的行为和生理活动的作用。① 信息意识是信息用户对信息的自觉地、能动地反映，即对信息的敏锐感受力、判断力、洞察力，包括信息价值意识、信息获取意识、信息传播意识、信息利用意识、信息动态变化意识等。信息行为是信息用户自觉、主动地获取和使用信息以解决问题的活动，包括信息查询行为、信息选择行为和信息利用行为。信息用户的信息心理和信息行为紧密相连，两者关系见图4-2所示。当信息用户受到刺激时，就会产生一定的信息需求。在同样的刺激下，不同强弱程度的信息意识，使用户处于不同的信息需求状态。信息意识强的用户，就会主动地通过一定的方式、途径，全面准确地认识和表达其信息需求，使其信息需求由潜在状态转化为现实状态，产生相应的信息行为，满足其信息需求，拥有相应的信息；相反，信息意识缺乏的用户，就不能主动地认识和表达其信息需求，其信息需求就不能由潜在状态转化为现实状态，就不会产生相应的信息行为，信息需求得不到满足，就不能拥有相应的信息。信息意识是信

①　本书编写组：《马克思主义基本原理概论》，高等教育出版社2018年版，第26—27页。

息用户产生信息行为的动力和源泉，它可以指导和影响信息用户的信息行为；而信息行为则是信息用户在信息意识支配下，其信息需求得以表达的直接体现和结果。因此，增强农民的信息意识，可以降低农民的信息不对称程度，有效地缓解或解决农民信息不对称问题。

一、农民的信息意识现状

农民的信息意识就是农民在生产生活中对信息的自觉地、能动反映，主要表现为：农民对信息的敏感程度、对信息的重要性和价值的判断力以及获取、传播、利用信息的意识。农民信息意识的有无或强弱直接影响着农民的信息行为，关系到农民对所需信息的拥有程度。

基于农民信息素养对农民信息不对称问题的影响分析，本书对黑龙江省、河北省、海南省、安徽省、河南省、云南省、内蒙古自治区等7省区的1574位农民进行了有关信息意识方面的调查（结果见表4-1）。调查结果显示：（1）44.85%的农民对信息具有较为强烈的认知，愿意购买信息；52.29%的农民对信息的重要性及其价值有一定的了解，但不深刻。（2）约20%的农民可以借助于农讯通、手机短信或者互联网等设备获取所需病虫害防治信息，仅有11.88%的农民通过网络查询获取待售农产品的价格信息。（3）仅有5.15%的农民会通过网络发布农产品销售信息。

由此可知，农民的整体信息意识缺乏。农民整体上对信息敏感度相对迟钝，对信息的重要性和价值缺乏深刻认识，主动利用互联网设备快速获取、发布信息的意识也比较欠缺。信息时代，信息的时效性就决定了是否具有及时利用现代互联网设备获取、发布信息的信息意识的重要性。农民信息意识缺乏，就不能及时获得和拥有所需要的信息，往往处于信息劣势，由此产生信息不对称问题。

二、增强农民信息意识的对策措施

1. 加大对农民的信息宣传和教育，提高农民对信息的敏感度

一般而言，一个具有较高信息素养的人对信息具有较高的敏感度。信息素养是科学文化素质在社会信息化过程中的拓展和延伸，较高的科学文化素质有利于提高人们的信息素养。改革开放以来，我国农民的科学文化素质虽然有了较大程度的提高，但就信息社会的发展而言，整体水平仍然偏低。根据《中国农村统计年鉴》，2012 年中国农村居民家庭劳动力文化状况为：在平均每百个劳动力中，不识字或识字很少的占 5.30%，小学程度的占 26.07%，初中程度的占 53.03%，高中程度的占 10.01%，中专程度占 2.66%，大专及大专以上占 2.93%。本书对黑龙江省、河北省、海南省、安徽省、河南省、云南省、内蒙古自治区等 7 省区的 1574 位农民家庭劳动力的文化程度进行了调查，调查结果（见表3-8）表明：农业劳动力的文化程度整体偏低，初中及以下文化程度的占 81.63%。

较低水平的文化程度制约着农民对信息的认知，降低了农民对信息的敏感程度。因此，基于农民科学文化素质偏低的现实，借助于黑板报、明白纸、广播、专家讲座培训、经验介绍、案例介绍等多种形式对农民进行信息宣传、教育，不断强化农民对信息的认知，让农民认识到信息已经成为现代农业生产和管理的必不可少的投入之一，信息不仅带来农业产业结构的调整和生产方式的变革，有效地促进农业的增产、增收、增效，而且也不断改变着农民的生活方式和思维方式，在促进农村发展和改善农民生活方面也发挥着越来越重要的作用。通过对农民不断进行信息及其作用的宣传、教

育，使农民在潜移默化中对信息知识的认知逐渐由无到有，由知之较少到知之较多，由认识肤浅到认识深刻。这样，农民在对信息认知逐步深化的过程中，对信息的敏感度也会逐步增强。

2. 大力宣传介绍农民运用信息的成功事例，提高农民获取、传播、利用信息的意识

榜样的力量是巨大的。榜样是旗帜，鼓励斗志；榜样是灯塔，指引前行方向。榜样特别是身边的榜样更直接、具体、触手可及，具有强烈的感染力、说服力、亲和力，通过相互感染、效仿，使一种思想或行为潜移默化地得以普及。"以人为镜，可以明得失"，通过对某个（或某些）农民在农业生产经营中主动获取、传播、利用信息取得良好效益的成功事例的宣传介绍，尤其是对身边农业大户、农村能人等的典型事例的大力宣传，让广大农民耳闻目睹到信息对生产、生活带来的巨大变化，有效地激发广大农民利用信息解决生产、生活问题的热情和欲望，提高其获取、传播、利用信息的自觉性和主动性，使农民获取信息意识、发布信息意识及利用信息意识逐步提高。

3. 发展农村信息文化，为提高农民信息意识提供良好的信息环境

信息文化是以信息技术的广泛应用为主要特征的一种新的文化形态，从内部结构上分为四个层次：物质形态的信息文化、社会规范的信息文化、行为方式的信息文化、精神观念的信息文化。物质形态的信息文化以信息技术体系和信息资源系统为主要内容，为信息的交流和利用提供物质基础；社会规范的信息文化以信息活动中遵循的道德准则和各种法理制度为主要内容，为信息活动的有序进行提供行为规范和制度保障；行为方式的信息文化以人们的信息行

为方式为主要内容，为信息交往和信息管理提供参考、借鉴；精神观念的信息文化是人们在信息活动中基于一定的信息思维模式形成的信息价值系统和信息观念系统，是信息文化的核心，为信息交往提供精神支撑。良好的农村信息文化环境，有助于农民信息意识的提高，带来农民思维方式、生产方式和生活方式的改变。

第二节 提高农民的信息能力

能力是人们顺利完成活动所表现出来的个性心理特征，它直接影响活动的效率。能力同知识、技能相互促进、密不可分，它是在掌握、拥有相应的知识和技能的过程中形成、发展并表现出来的，而知识和技能的顺利掌握又是以具备相应的能力作为基本前提和必要条件的。信息能力是指人们对信息的理解、获取和利用能力以及利用信息技术的能力。同样，信息能力与信息知识、信息技能及信息活动密切相关，加强信息知识教育、信息技能培训和信息实践活动，有利于提高信息能力。美国信息技术专家科亨（Kochen）根据用户信息需求所具有的主观性、认识性，将信息需求状态分为三个基本层次：客观状态、认识状态、表达状态。[①] 信息用户的主观信息需求即认识状态和表达状态的信息需求，支配其信息消费占有行为。用户的信息能力越高，对客观信息需求的认识和表达就越全面准确，潜在信息需求就越容易转化为现实信息需求，信息占有就越多，信息拥有程度就越大，信息不对称程度就越低；反之则相

---

① 胡昌平：《现代信息管理机制研究》，武汉大学出版社 2004 年版，第 101—102 页。

反。因此，提高农民的信息能力，可以降低农民的信息不对称程度，有效地缓解、解决农民信息不对称问题。

一、农民的信息能力现状

农民信息能力的高低直接影响着农民的信息行为，关系到农民对所需信息的占有和拥有程度。本书在分析造成农民信息不对称问题的影响因素中，对黑龙江省、河北省、海南省、安徽省、河南省、云南省、内蒙古自治区等7省区的1574位农民的信息能力，即理解、获取、利用信息的能力和利用信息技术的能力进行了调查（结果见表4-2）。农民信息能力调查结果表明，网络环境下，农民整体上的信息能力普遍偏低。

1. 农民的信息理解能力较低。理解信息能力主要指对信息进行分析、评价和决策的能力。表4-2中的调查项①对农民信息获取主要渠道或来源的分析，结果显示：农民获取信息主要来源于"亲朋邻里"的比例最大，达37%，仅有8.15%的农民能通过互联网及时获取所需信息，由此可知大多数农民利用互联网获取所需信息的能力和对网络信息的分析能力相对较低。表4-2中的调查项②是分析农民鉴别信息质量的能力，结果表明，"害怕虚假信息"居于"限制农民获取信息的主要因素"之首，说明农民鉴别相关信息的知识、技能比较欠缺，鉴别信息的能力比较低，进而对信息的评价能力亦较低。

2. 农民利用网络主动获取信息的能力较低。获取信息的能力主要包括查找、搜集、提取、记录和存储信息的能力。表4-2中的调查项③是对农民查找信息能力的调查，调查表明，仅有7.18%的农民能够利用"手机上网、电脑网络查找"信息，大多数农民

更多的是通过他人介绍、建议或者凭自己的经验被动地或者盲目地
获得信息，这说明农民主动查找所需信息的能力比较低。表4-2
中的调查项④是对农民记录、存储信息能力的调查，调查表明，多
数农民以传统的方式（如记在纸上、记在脑里）进行简单的记录
和存储信息，这不利于对信息进行科学系统的分析；有少数的农民
会把信息"存手机里"（占11.44%）或"存电脑里"（占
4.45%），这说明农民利用电脑、手机等现代信息工具记录和存储
信息的能力比较差。

3. 农民的信息利用能力较弱。信息利用能力主要指利用相关
信息解决实际问题的能力。表4-2中的调查项⑤是关于农民利用
信息进行生产经营决策方面的调查，调查表明：仅5.82%的农民能
够根据市场需求信息决策其生产经营，多数农民"根据经验和专
长"进行决策，具有较大的主观性和盲目性，容易导致产品供给
和市场需求脱节。表4-2中的调查项⑥是关于农民利用信息解决
生产中遇到问题方面的调查，由结果可知，农民在遇到问题时，仅
有7.31%的农民能够通过"网络查找"及时获得相关信息并解决
问题，多数农民"凭经验解决"遇到的问题，带有较大的主观性。
由此可知，在移动互联网快速发展的今天，农民积极主动地利用网
络及时、快速地利用获取信息解决实际问题的能力较低，农民的信
息利用能力亟须提高。

4. 农民利用信息技术的能力较低。由于农民的文化程度、信
息意识和信息知识整体上偏低，导致农民利用信息技术的能力，即
利用计算机、网络等现代工具搜集、处理、传递和发布信息的能力
较低。表4-2中的调查项⑦是对农民利用互联网进行交易的调查，
结果表明，在实际操作方面，仅有1.71%的农民经常利用互联网进

行交易，10.04%的农民"成功尝试过"用互联网进行交易，12.9%的农民利用互联网"只是发布过信息"，这说明农民对计算机、网络等相关知识和技能的掌握比较欠缺，利用互联网的能力较低。表4-2中的调查项⑧是对农民"认为最好的信息发布方式"的调查，结果表明，31.01%的农民"认为最好的信息发布方式"是"网络媒体"，这说明多数农民对网络媒体具有及时、便捷、内容丰富、范围广等优越性尚未有充分的认识和了解，致使人们在实际中利用互联网发布信息能力相对较低。

二、提高农民信息能力的对策措施

1. 加强农民的信息知识教育

能力是在运用知识解决问题的过程中表现出来，具备一定的相关知识是能力形成和发展的基础和前提。知识是人类的认识成果，是影响能力和活动效率的一个重要条件。信息知识就是人们通过对信息研究所得到的关于信息的知识、理论、方法等方面的认识成果，涉及信息理论和信息技术两方面内容。[①] 信息知识是影响人们的信息行为和信息能力的一个重要因素。因为有了对信息本身的认知，人们的信息意识才会得到不断加强，进而在实践中表现为辨别、获取和利用信息解决问题的一系列信息行为和信息能力。因此，加强农民的信息知识教育是提高农民信息意识和信息能力的前提和基础。加强农民的信息知识教育主要从以下方面着手：

第一，提高农民的基本文化素养。这是对农民进行信息知识教育的必要前提，也是其中一项不可缺少的内容。基本文化素养包括

---

① 智库百科：《信息知识》，见 http://wiki.mbalib.com/wiki/%E4%BF%A1%E6%81%AF%E7%9F%A5%E8%AF%86。

读、写、算的能力。信息时代的到来，带来了读、写、算方式的巨大变革。人们必须具备快速阅读、分析、辨别能力等基本的学习技能，才能有效地从来自计算机互联网的海量信息中获取和利用有价值的信息。信息素养是信息时代人们基本文化素养的拓展和延伸，而信息能力又是信息素养的一项基本内容，因此提高农民的基本文化素养有利于其信息素养和信息能力的提高。本书通过对黑龙江省、河北省、海南省、安徽省、河南省、云南省、内蒙古自治区等7省区的1574位农民及其家庭劳动力的文化程度的调查表明，农民文化程度整体偏低，在农业劳动力中，81.63%的农民具有初中及以下文化程度（见图3-4所示）。由此可见，加强对农民的信息知识教育，首先要通过适当的方式和途径提高农民的基本文化素养。

第二，提高农民的信息基本知识。信息的基本知识主要包括对信息、信息化、信息社会及其对人类生产生活影响的认知和计算机基础知识、网络基础知识等信息理论知识以及利用信息进行分析、研究的方法和原则等。只有对信息基本知识有一定的认知，人们才能在实践中对信息具有较强的敏感性，并对所需信息及时、自觉、主动地作出能动反应。当前，农民信息意识缺乏，多数农民对信息基本知识的认知水平偏低。加强农民的信息基本知识教育，有助于增强农民的信息意识。

第三，提高农民的现代信息技术知识。现代信息技术是指利用计算机、多媒体、网络等现代信息工具获取信息、处理信息、存储信息、传输信息的技术，主要包括计算机技术、多媒体技术和网络技术。而关于这些信息技术的相应原理、作用及其发展的相关知识，就是现代信息技术知识的内容。有了对现代信息技术知识的认知，人们才能更好地利用计算机、网络等现代工具获取、处理、存储和传输相关信息。当前，农民整体上信息能力较低，多数农民缺乏对现代信息技术知识的认知。加强农民的现代信息技术知识教育，有助于提高农民的信息能力。

2. 加强农民的信息技能培训

知识不能直接地转化为能力，知识转化为能力需要具备相应的技能。技能是主体经过反复学习、练习所获得的对待某项任务或活动的一种动作方式或活动方式。[①] 技能具有两方面特点：一方面，技能与一定知识密不可分。技能的练习和掌握，要求主体必须具备一定的相关知识并以此指导活动；另一方面，技能是通过一定方式后天习得的。技能以熟练和不熟练作为衡量标准，其发展和提高是一个针对目标不断熟练后的过程，通过练习达到运用自如的技能就叫熟练。能力是基于相应的知识和技能，在从事活动中得以表现，并在不断的活动中逐步形成、发展和提高的。因此，技能也是影响能力的一个重要条件，技能的提高有助于能力的提高。

所谓信息技能，就是信息用户基于已有的信息知识和信息实践经验，通过学习、练习而形成的能够利用计算机、网络等现代信息工具完成某项任务或活动的行为。加强农民的信息技能培训，提高农民的信息技能，是促进农民信息能力形成、发展和提高的重要途径。农民的信息技能培训主要包括以下方面：

第一，计算机基本技能培训。主要是指能够利用计算机进行读写、计算等基本技能。在了解计算机硬件和软件基础知识的基础上，能够利用计算机操作系统进行基本操作，能够利用文字处理软

---

① 智库百科：《技能》，见 http://wiki.mbalib.com/wiki/%E6%8A%80%E8%83%BD。

件进行文字的录入、文档的基本编辑和排版、表格处理、图文混排等操作，能够利用 Excel 电子表格软件进行制表、图表制作、数据分析和管理等操作。这是农民利用计算机、互联网等现代信息工具进行信息活动的必要基本技能。

第二，网络技能培训。主要是计算机网络应用技能，即掌握计算机网络协议配置和互联网应用基本操作，包括互联网基本技术、网络浏览器的使用、E-mail 的使用、网上购物和支付、网页制作等。这些技能的掌握，可以帮助农民及时、主动地利用网络获取、查询、收集、发送和传递信息，以便解决生产生活中出现的问题。

第三，手机利用技能培训。主要是微信（微博）、qq 群等的建立和使用、网络安全基本技巧、网上查询获取所需信息和资料、网上阅读以及利用微信、微博、微店等在线销售农产品。移动互联时代的到来和智能移动终端的迅速发展，手机已经成为人们获取、传播信息的必不可少的工具，在农民的现代农业生产经营中发挥重要的作用。面对农产品的卖难、滞销困境，有的年轻农户使用微信进行营销。例如，"上海太平洋禽蛋合作社"是上海松江的一个龙头企业——有上百家养鸡户和 300 多亩桃园，供职于该合作社的"70后"金丽君为了售卖合作社生产的鸡蛋和黄桃，在 2014 年 2 月注册认证了"上海太平洋禽蛋"微信订阅号及服务号，她"隔几天推送一次新信息，配上美图，介绍禽蛋和黄桃的食用和购买信息，还附送养生知识"①。通过微信朋友圈的相互转发，把出售的鸡蛋和黄桃的相关信息发布出去，每月都收到上百个订单。同样，松江

---

① 沈轶伦、贾佳：《传统订单下滑，松江一些年轻农户做起微信营销电商能否解农产品滞销之惑》，2014 年 8 月 31 日，见 http：//newspaper. jfdaily. com/jfrb/html/2014－08/31/content_ 11374. htm。

叶榭镇的家庭农场主"农二代"孙红荣通过微信发布信息售出了自产稻米、泖港镇的"浦江蓝"蓝莓园利用微信发布相关的蓝莓采摘信息提高了盈利水平。① 到 2015 年底，全国的移动电话用户达到 13.06 亿户，4G 用户达 3.86 亿户。② 因此，对农民进行手机利用技能培训，可以提高农民的信息利用能力。

3. 利用"任务驱动"型信息实践活动，加强对农民的信息实践指导

实践证明，人的各种能力是在遗传素质的基础上，通过环境和教育的作用，在实践活动中逐步形成和发展起来的。因此，信息能力的形成和发展亦离不开信息实践活动。信息知识和信息技能虽然与信息能力密切相关，对信息能力的形成和发展具有巨大影响作用，但它们并不是简单地、直接地决定信息能力的形成和发展，而是必须以主体的信息实践活动为中介，通过反复多次的信息实践，把主体所掌握的信息知识和信息技能有机地结合起来、融为一体，在解决实际问题的过程中，形成和发展为相应的信息能力并通过一定的方式表现出来。

"任务驱动"型信息实践活动是提高农民信息能力的一种有效的信息实践活动。"任务驱动"是一种基于建构主义学习理论的教学方法，是学生在老师的帮助下，围绕一个共同的任务活动中心，在问题动机的驱动下，运用已有的知识、经验及其他资源，通过主动探究和互动协作的学习方式，完成既定的任务。包括创设情境、

---

① 沈轶伦、贾佳：《传统订单下滑，松江一些年轻农户做起微信营销电商能否解农产品滞销之惑》，2014 年 8 月 31 日，见 http：//newspaper. jfdaily. com/jfrb/html/2014 - 08/31/content_ 11374. htm。

② 马秋月：《工信部：2015 年全国移动电话用户达 13.06 亿户》，2016 年 1 月 29 日，见 http：//tc. people. com. cn/n1/2016/0129/c183008 - 28094805. html。

确定问题（任务）、自主学习和协作学习、效果评价等基本环节。这种方法可以提高学生的积极性，有助于培养其自主学习能力、分析问题和解决问题的能力、实践能力以及团队协作精神，也有助于老师根据学生个体差异，因材施教。"任务驱动"型信息实践活动就是信息实践者在指导者的帮助下，通过设立与现实情况基本类似或一致的情境，选择一个与主题相关的真实性问题（任务），并在指导者的指导下，实践者通过自主获取相关信息资料以及相互间的讨论、交流，利用所获得的信息提出解决当前问题的解决方案，以解决问题、完成任务。通过对农民的"任务驱动"型信息实践活动及引导，有助于加强、巩固和增进农民的信息知识和信息技能，进一步提高农民的信息意识及理解信息、获取信息、传播信息、利用信息的能力。

第三节　提高农民的信息购买力

农民的信息购买力就是指农民购买信息（包括信息产品和服务）所需要支付的货币总额，即货币支出能力，它体现了农民对信息费用的经济承受能力。经济学意义上的信息需求，是指信息消费者既有信息购买欲望又有信息购买能力的有效需求。[①] 在增强农民的信息意识、提高农民的信息能力以及增进农民信息购买欲望的基础上，提高农民的信息购买力，有利于实现农民的有效信息需求，提高农民对所需信息的满足程度以及对信息的拥有程度，有效

---

① 高鸿业主编：《西方经济学（微观部分）》，中国人民大学出版社 2005 年版，第 21 页。

地缓解农民信息不对称问题和降低农民的信息不对称程度。

一、农民的信息购买力现状

农民的信息购买力是指农民根据经济状况购买所需信息和信息服务的实际能力。根据需求层次理论，人的需要是由低层次向高层次逐级提升的，当某一低层次的需要得到最低限度的满足之后，才会追求高层次的需要。信息需求属于较高层次的需求，在收入一定的情况下，农民只有在满足其基本生活需求的前提下，才有可能去追求较高层次的需求。本书在信息需求侧中国农民信息不对称问题成因分析中，借助 2013 年《中国统计年鉴》中的统计数据：农村居民家庭人均纯收入和按收入五等份分组农村居民家庭平均每人消费支出的相关数据，沿用统计年鉴中将农民家庭消费支出分为食品、衣着、居住、家庭设备及用品、医疗保健、交通通信、文教娱乐和其他等八大类别分类方法，用 Eviews6.0 统计软件，构建了农村居民家庭消费结构的扩展线性支出系统（ELES）模型，分析了农村居民家庭生活基本消费支出，并在此基础上对农民的信息购买力进行了分析。

根据计算结果可知，2012 年中国农村居民家庭基本消费需求估计值为 4504.31 元，其中食品消费支出为 1898.76 元，各项商品消费支出的基本需求额按照从大到小的顺序排列为：食品、居住、医疗保健、交通通信、文教娱乐、衣着、家庭设备及用品、其他（如前文表 4-9 所示）。农民的信息消费支出作为家庭生活消费支出的一部分，受家庭预算的约束和限制，若增加了信息消费支出，其他方面的消费支出就会减少。本书根据基本需求支出对购买交通通信类商品的影响程度来分析农民的信息购买力，并将之分为：没有购买能力、有限购买能力、有购买能力等三类（见表4-10）。没有购买能力是指交通通信类商品的消费支出会影响到家庭的基本生活消费需求，即当农民的年人均纯收入低于1898.76元，其最基本的食品消费支出都得不到满足，不会购买交通通信类商品，即没有信息购买能力。有限购买能力是指交通通信类商品的消费支出不会影响家庭的基本生活消费支出，仅对非基本生活类商品的消费支出有影响，即当农民的年人均纯收入在1898.76—4504.31元，能够满足基本的食品消费，在此基础上，如果对家庭消费支出结构采取一定程度的适当调整，可能有一定的经济能力购买交通通信类商品，但购买能力较为有限。有购买能力是指交通通信类商品的消费支出不会对家庭的日常支出产生任何影响，即当农民年人均纯收入大于4504.31元时，有能力购买交通通信类商品，即为有信息购买能力。

根据分析和表4-9可知，"低收入户"的各项消费支出均比基本需求支出的要求低，"中等偏下户"除食品和医疗保健两项的消费支出比基本需求支出要求略高且基本相当，其余各项的消费支出均比基本需求支出的要求低。根据2013年《中国统计年鉴》，2012年西部地区的农民家庭人均消费支出为4798.36元，同基本需求消费支出的标准4504.31元相差不多，而西藏、贵州和甘肃等三省份的农民家庭人均消费支出分别为2967.56元、3901.71元和4146.24元，均比基本需求消费支出的标准低，属有限信息购买能力。由2013年《中国统计年鉴》可知，2012年人均纯收入在2000元以下的农户有5.63%，说明约有5.63%的农户没有信息购买力；人均纯收入在2000—4000元的农户有16.46%，人均纯收入在4000—5000元的农户有9.75%，说明约有20%的农户信息购买力不足，即为有限信息购买能力；人均纯收入在 5000 元以上的农户有 68.16%，这些农户有信息购买能力。

二、提高农民信息购买力的对策措施

1. 增加农民的纯收入

农民信息购买力是指农民对所需信息（包括信息产品和信息服务）费用的支付能力。农民收入的多少影响着农民能否及时获取信息以及农民的信息购买力。本文在对黑龙江省、河北省、海南省、安徽省、河南省、云南省、内蒙古自治区等 7 省份农民信息需求方面的调查问卷中，关于"您认为农民不能及时获得所需信息的主要因素是什么"问题调查中，有 31.45% 的农民选择了"资金不足"选项（见表 4-1）。可见，农民的收入是影响农民信息购买力的不可忽视的因素。

在收入一定的条件下，农民在满足其衣食住等基本生活需求之后，才会把剩余的收入分配到信息消费等较高层次的需求之中。农民收入的增加，会带来其生活水平的提高和消费结构的变化。表 6-1 为 1998—2012 年中国农村居民家庭的人均纯收入和农村居民家庭平均每人消费支出情况。

由表 6-1 可知，中国农村居民人均纯收入由 1998 年的 2161.98 元增加到 2012 年的 7917 元，增加了 2.7 倍，人均绝对值增加 5755.02 元，年均增长 9.83%，收入的不断增加带来了消费水平的提高和消费支出结构的变化。农村居民家庭的消费支出由 1998 年的 1590.34 元上升到 2012 年的 5908.02 元，年均增长了 9.95%。图 6-1 是 1998 年与 2012 年中国农村居民家庭消费支出构成对比图。由图 6-1 可知，食品在总消费支出中所占比重最大，但比重大幅下降，由 1998 年的 53.43% 下降到 2012 年的 39.33%，这反映出农村居民生活水平不断提高和消费结构的改善与升级。居住在总消费支出中所占比重位于第二位，但其比重明显上升，由 1998 年的 15.07% 上升到 2012 年的 18.39%，上升了 3.32 个百分点。这说明农村居民生活水平的提高，增强了他们对居住环境和条件的重视程度，导致居住质量的不断提升。交通通信和医疗保健支出在总消费支出中的比重从 1998 年到 2012 年有较大幅度上升。交通通信支出由 3.82% 上升为 11.05%，上升了 7.23 个百分点，说明在经济发展、科技进步、生活节奏加快的背景下，交通和通信给农村居民生产生活带来了极大便利，加之交通通信成本的不断下降，使之逐渐成为生产生活中不可或缺的部分，这说明交通通信消费将成为农村消费市场中一个具有巨大挖掘潜力的前景市场。医疗保健的比重由 4.28% 上升为 8.70%，上升了 4.42 个百分点，说明随着生活水平的提高，越来越多的人逐渐有能力关注自己的身心健康，农村居民的医疗保健意识不断增强，这方面支出也就会增多。文教娱乐支出由 1998 年的 10.02% 上升到 2003 年的 12.13%，2012 年下降到 7.54%。这主要是因为随着农村义务教育"两免一补"政策的推行及农村义务教育经费保障机制的进一步完善，居民教育费用负担大幅下降。衣着、家庭设备及用品和其他消费支出在总支出中所占比重相对较小，且相对稳定，1998 年与 2012 年相比，变化不大。居民食品支出不断下降，表明人们生活水平和质量逐渐提高。交通通信、医疗保健和居住消费比重逐年上升，表明农村居民家庭的生活状况、消费结构得到了明显改善，消费层次和消费质量在不断提升，消费支出多元化，现代消费模式基本形成。

表 6-1   1998—2012 年中国农村居民家庭人均纯收入和人均消费支出情况

/元

年份	人均纯收入	人均消费支出								
		合计	食品	衣着	居住	家庭设备	医疗保健	交通通信	文教娱乐	其他
1998	2161.98	1590.34	849.64	98.06	239.62	81.92	68.13	60.68	159.41	32.88
1999	2210.34	1577.43	829.02	92.04	232.69	82.27	70.02	68.73	168.33	34.33
2000	2253.42	1670.14	820.52	95.95	258.34	75.45	87.57	93.13	186.72	52.46
2001	2366.40	1741.09	830.72	98.68	279.06	76.98	96.61	109.98	192.64	56.42
2002	2475.63	1834.30	848.35	105.00	300.16	80.35	103.94	128.53	210.31	57.66
2003	2622.24	1943.30	886.03	110.27	308.38	81.65	115.75	162.53	235.68	43.01
2004	2936.40	2184.64	1031.91	120.16	324.25	89.23	130.56	192.63	247.63	48.27
2005	3254.93	2555.40	1162.16	148.57	370.16	111.44	168.09	244.98	295.48	54.52
2006	3587.04	2829.02	1216.99	168.04	468.96	126.56	191.51	288.76	305.13	63.07
2007	4140.36	3223.86	1388.99	193.45	573.80	149.13	210.24	328.40	305.66	74.19
2008	4760.62	3660.68	1598.75	211.80	678.80	173.98	245.97	360.18	314.53	76.67
2009	5153.17	3993.47	1636.04	232.50	805.01	204.81	287.54	402.91	340.56	84.10
2010	5919.01	4381.83	1800.67	264.03	835.19	234.06	326.04	461.10	366.72	94.02
2011	6977.29	5221.14	2107.34	341.34	961.45	308.88	436.75	547.03	396.36	121.99
2012	7917.00	5908.02	2323.89	396.39	1086.35	341.71	513.81	652.79	445.49	147.58

数据来源：1999—2013 年《中国统计年鉴》。

1998年中国农村居民家庭消费支出构成

2012年中国农村居民家庭消费支出构成

图 6-1   1998 年与 2012 年中国农村居民家庭消费支出构成对比图

为了说明农民家庭收入变化对家庭交通通信消费支出项目的影响，依据扩展线性支出系统（ELES）模型及其相关公式，见公式

（4-5）到公式（4-10），根据 1999—2013 年中国统计年鉴中全国农村居民家庭消费性支出数据，以 1998 年不变价格进行调整，消除历年价格影响，建立 1998—2012 年中国农村居民消费结构 ELES 模型，利用 Eviews6.0 统计分析软件对该模型参数进行估算并消除序列相关，估算结果见表 6-2，根据求得 β_i 的估计值，计算出 1998—2012 年中国农村居民各项消费项目的需求收入弹性（η），结果见表 6-3。

根据表 6-2 可知，F 统计量在 1% 的显著性水平下通过检验，模型的整体效果较好。由 t 值可知，所有项目对应的 β_i 估计值也均在 1% 的水平下显著。通过对模型拟合优度的检验，除其他项目的判断系数 R^2 是 87.97%，文教娱乐项目的判断系数 R^2 是 91.96%，其余的 6 项消费项目的判断系数 R^2 均大于 97%，模型整体上的拟合效果很好。

表 6-2　1998—2012 年中国农村居民消费结构 ELES 参数估计结果

消费项目	食品	衣着	居住	家庭设备及用品	医疗保健	交通通信	文教娱乐	其他
α_i	267.8659	-32.5619	-87.8401	-55.5895	-98.2475	-33.7650	169.5572	6.7111
	(4.9041)	(-3.2843)	(-1.3624)	(-3.9057)	(-8.4163)	(-0.3409)	(3.4791)	(0.5871)
β_i	0.2504	0.0546	0.1561	0.0527	0.0802	0.0896	0.0267	0.0163
	(18.2411)	(20.9107)	(9.5252)	(15.5282)	(25.3634)	(6.1834)	(2.6472)	(5.3899)
R^2	0.9916	0.9908	0.9788	0.9890	0.9900	0.9923	0.9196	0.8797
F 统计量	651.2028	590.3980	253.5402	496.1891	543.4493	707.5168	62.9296	40.2272
DW	1.4812	1.7237	1.6271	2.7122	1.8777	1.7510	2.0209	1.5280

注：参数估计值下面括号中的数据为该参数的 t 检验值。

表 6-3　1998—2012 年中国农村居民各项消费需求收入弹性

消费项目	食品	衣着	居住	家庭设备及用品	医疗保健	交通通信	文教娱乐	其他
η	0.754	1.206	1.199	1.413	1.576	1.312	0.370	0.914

表 6-2 中，β_i 的估计值就是农村居民对第 i 类商品的边际消费倾向，由表 6-2 可知，交通通信的边际消费倾向是 0.0896，排在食品（0.2504）和居住（0.1561）的边际消费倾向之后，表明农民在增加的每 1 单位收入中有 0.0896 份额用于增加交通通信消费支出，这说明随着农民收入水平的不断提高，带来了农民消费观念的更新，农民的消费结构需要进一步升级，农民也比较重视居住环境的改善，同时信息技术的快速发展，不仅带来生产、生活方式的改变，也带来思维方式的改变，农民的时间观念、信息观念在逐渐增强，从满足基本生活需要到追求较高质量的生活品质。

表 6-3 中，η 对应的数值就是农民各项商品消费的需求收入弹性。由表 6-3 可知，1998—2012 年各类消费项目的收入弹性系数均为正数，意味着各类商品的需求量与收入成同方向变化，即随着收入的增加，各类商品的消费支出量增加。收入弹性（η）小于 1，说明农民对这些项目的需求增长速度低于收入的增长速度，收入弹性（η）大于 1，说明农民对这些项目的需求增长速度大于收入的增长速度。交通通信的收入弹性为 1.312，说明农民对交通通信消费需求增长速度大于收入的增长速度，随着收入的增长，农民交通通信的需求较为强烈，更倾向于对这些方面的消费投入，各项消费需求的收入弹性也预示着农民家庭消费模式正处于从生存型向发展型、享受型方向转变。

通过上述分析可知，当农民的纯收入高于其基本消费需求时，随着收入的增加，农民的生活水平和消费水平逐渐提高，用于满足食品等低层次需求的支出在总消费支出中的比重会逐渐降低，满足交通通信等较高层次需求的支出在总消费支出中的比重会逐渐上升。因此，通过多种途径增加农民的纯收入是提高农民信息购买力的重要措施之一。

2. 加大对教育、医疗、社保等农村基本公共服务的投入

基本公共服务是同一定阶段的经济社会发展水平相适应，政府为维护社会稳定和发展、保障公民的基本生存权和发展权、实现社会公平正义所提供的公共产品和服务，一般包括"保障基本民生需求的教育、就业、社会保障、医疗卫生、计划生育、住房保障、文化体育等领域的公共服务"，涉及基本生存需要、基本尊严和能力需要和基本健康需要等方面。① 农村基本公共服务是保护农民基本的生存权和发展权，促进农村全面发展的基本社会条件。

当前，教育、医疗、养老保障等与农民生活密切联系的方面仍然是农村基本公共服务需要优先解决和重点关注的内容。加大公共财政对农村教育、医疗、养老等基本公共服务设施及服务体系建设的投入，为农民提供良好的基本公共服务设施，有利于促进基本公共服务均等化，有利于提高农民生活水平、改善农村民生。根据需求层次理论，人们在满足基本生活需要的基础之上，才会去追求较高层次的需要。在收入达到一定数额时，良好的基本公共服务可以降低农民在基本生活需求方面的消费支出，相应地就可以增加其他较高层次方面的消费支出。因此，加大对农村基本公共服务的投入，可以提高农民的相对收入，优化、升级农民的消费结构。

表6-4为1998—2012年中国农村居民家庭各项消费支出所占比重情况。由表6-4可知，从1998年到2012年，食品支出的比重

---

① 《国家基本公共服务体系"十二五"规划》，2012年7月20日，见http://www.gov.cn/zwgk/2012-07/20/content_ 2187242. htm。

即恩格尔系数①在家庭总消费支出中的比重居于第一位，且呈下降趋势，说明农民的生活水平显著提高，带来了消费结构的调整和变化。

表6-4　1998—2012年中国农村居民家庭各项消费支出所占比重

年份	总消费支出（%）	各项消费支出（%）							
		食品	衣着	居住	家庭设备	医疗保健	交通通信	文教娱乐	其他
1998	100	53.43	6.17	15.07	5.15	4.28	3.82	10.02	2.07
1999	100	52.56	5.83	14.75	5.22	4.44	4.36	10.67	2.18
2000	100	49.13	5.75	15.47	4.52	5.24	5.58	11.18	3.14
2001	100	47.71	5.67	16.03	4.42	5.55	6.32	11.06	3.24
2002	100	46.25	5.72	16.36	4.38	5.67	7.01	11.47	3.14
2003	100	45.59	5.67	15.87	4.20	5.96	8.36	12.13	2.21
2004	100	47.23	5.50	14.84	4.08	5.98	8.82	11.34	2.21
2005	100	45.48	5.81	14.49	4.36	6.58	9.59	11.56	2.13
2006	100	43.02	5.94	16.58	4.47	6.77	10.21	10.79	2.23
2007	100	43.08	6.00	17.80	4.63	6.52	10.19	9.48	2.30
2008	100	43.67	5.79	18.54	4.75	6.72	9.84	8.59	2.09
2009	100	40.97	5.82	20.16	5.13	7.20	10.09	8.53	2.11
2010	100	41.09	6.03	19.06	5.34	7.44	10.52	8.37	2.15
2011	100	40.36	6.54	18.41	5.92	8.37	10.48	7.59	2.34
2012	100	39.33	6.71	18.39	5.78	8.70	11.05	7.54	2.50

数据来源：根据1999—2013年《中国统计年鉴》相关数据计算得到。

其中，文教娱乐支出的比重呈先升后降，由1998年的10.02%增加到2003年的12.13%，再逐渐下降到2012年的7.54%，这主

---

① 恩格尔系数（Engel's Coefficient）是食品支出总额占个人消费支出总额的比重。它是衡量一个家庭或一个国家富裕程度的主要标准之一，可以反映经济发展、收入增加对生活消费的影响程度。一般来说，在其他条件相同的情况下，恩格尔系数较高，作为家庭来说则表明收入较低，作为国家来说则表明该国较穷；反之，恩格尔系数较低，作为家庭来说则表明收入较高，作为国家来说则表明该国较富裕。

要是为了贯彻落实十六大精神，加快农村教育发展，2003 年 9 月国务院发布了《国务院关于进一步加强农村教育工作的决定》，对农村贫困家庭的学生实行"两免一补"（免杂费、免书本费、补助寄宿生生活费）政策、对西部地区实施的"两基"① 攻坚计划（2004—2007 年），2006 年西部地区农村义务教育阶段学生全部免除学杂费，2007 年全国农村义务教育阶段学生全部免除学杂费，2011 年秋季学期实施农村义务教育学生营养改善计划……这些政策的实施大幅降低了农民家庭的教育支出费用。2003 年科学发展观的提出和贯彻落实，以及社会主义新农村建设步伐的推进，政府不断加大了对农村地区文化教育和公共设施等方面的公共财政投入，党的十八大尤其是党的十九大以来，伴随着国家对"三农"问题扶持力度的加大，我国农村建设取得新发展，农业现代化建设迈出新步伐，农村改革展开新布局，农业绿色发展有了新进展，农民收入实现了新提升。以上这些，降低了农民家庭在文化教育方面的消费支出，由此导致了随着收入增加，文教娱乐支出的比重呈先升后降的趋势。此外，居住、医疗保健、交通通信等项目支出比重呈不同程度的增加，其中交通通信的比重上升幅度最大，由 1998 年的 3.82% 上升到 2012 年的 11.05%，上升了 7.23 个百分点，说明随着经济、科技快速发展，交通通信在农民生产、生活中不可或缺且越来越重要，生活水平的提高带来了农民信息意识的增强和消费观念的更新。

农村文化教育属于农村基本公共服务之一，这方面投入的增

---

① "两基"是国家教育部提出的，为贯彻《国务院关于进一步加强农村教育工作的决定》（国发〔2003〕19 号），进一步推进西部大开发，实现西部地区基本普及九年义务教育、基本扫除青壮年文盲（简称"两基"）目标，特制订《国家西部地区"两基"攻坚计划（2004—2007 年）》。

加，可以使农民享受到良好的公共服务，在降低了相应消费支出的同时，农民可以根据自己的需求状况增加其他消费项目支出的比重。农民在具有信息购买意愿的前提下，就会加大对交通通信方面的消费支出。因此，加大农村基本公共服务的投入，可以提高农民的相对收入，增加农民的信息购买力。

3. 加强农民专业合作经济组织的培育，降低信息交易成本，提高信息的规模效益

农民专业合作经济组织是农民按照自愿、互助、平等互利的原则，以农户经营为基础，以增加成员收入为目的，联合建立起来的特定生产经营和服务活动互助合作经济组织，主要有专业合作社、股份合作社、专业协会等类型。市场经济的发展、信息的不对称程度以及农民在生产经营等方面存在的个体差异，加剧了"农业小生产和大市场"的矛盾，凸显了农民在信息、技术和资金等方面的匮乏，增大了农户与市场的交易成本。在农业生产经营过程中，农民专业合作经济组织在解决信息匮乏问题上发挥着巨大作用，它可以为农户提供产前、产中、产后等信息服务，如市场变化、生产资料供应、农业技术、市场需求、产品价格等方面的信息，在一定程度上可以降低农民的信息不对称程度。在信息交易中，农民专业合作经济组织以整体身份同信息供给者进行交易，使原来单个农户同信息供给者的交易变成了整个组织同信息供给者的交易，可以大大降低信息交易成本，提高信息的规模效益。

假定所需信息的收益是 R，信息的成本是 C，农户数量是 N，信息的纯利润是 P，即：

$P = R - C/N$

当 N＝1 时，即单个农户获取和使用信息，信息的纯利润为：

P＝R-C，P 很小。

当 N>1 时，即农民专业合作经济组织获取和使用信息，随着参加农民专业合作经济组织的农户数量（N）的增加，信息成本（C/N）就会减少，信息的纯利润（P）就会增大。由此可知，参加农民专业合作经济组织的农户数量（N）增加，单个农户使用信息的成本就降低，信息的纯利润就增加，信息使用的规模效益就增大。信息成本的降低，在一定程度上可以提高农民的信息购买力。

目前，我国农村的农民专业合作经济组织规模小、覆盖农户少、服务内容少。本书在关于农民信息需求的问卷调查中，有关于农民专业合作经济组织的相关问题调查，在对黑龙江、河北、海南、安徽、河南、云南、内蒙古等 7 省区的 1574 位农民的调查中，关于"您村有农民合作社或农业协会等组织吗？"的调查项，有69.8%的人选择了"无"，说明农民合作经济组织有待进一步培育和发展；在"如果有，您加入了吗？"的调查中，有 69.1%的人选择了"加入"，说明农民对合作经济组织的认知有待提高；在"农民合作社或农业协会等组织服务状况怎么样"的调查中，62.2%的人选择"良好"，32.0%的人选择"一般"，5.8%的人选择"较差"，这说明现有的农民合作经济组织的功能和作用需要引导和规范，农民合作经济组织所提供的服务需要改善和提升，为满足农民需要、促进农民增收提供优质的服务保障。为了贯彻落实 2014 年中央一号文件《关于全面深化农村改革加快推进农业现代化的若干意见》精神，充分发挥农民合作社在促进"三农"发展中的重要作用，2014 年 8 月农业部、国家发展和改革委员会、财政部等 9部委联合发布《关于引导和促进农民合作社规范发展的意见》（农经发〔7〕号），这为加强农民专业合作组织的健康发展提供了政策依据和政策支持。

  由上述分析可知，通过加强对农民进行专业合作经济组织及其相关知识的宣传和普及，提高农民的参与意识和认知程度，以及加大政府的支持力度等措施，加强和促进农民专业合作经济组织的培育发展，可以有效降低农民获取和使用信息的成本，进而相应地提高农民的信息购买力。

第七章 从信息供给侧解决中国农民信息不对称问题的对策措施

信息供给就是向用户提供所需信息。信息消费是典型的供给创造需求。信息供给者提供的信息是否符合用户需要，关系到用户的信息需求是否能够得到满足，进而影响到用户对所需信息的拥有程度。农民信息不对称主要是农民对所需信息的占有少、拥有程度低。从信息供给侧，在信息需求明确的情况下，如果信息供给者提供的信息符合农民需要，就有利于农民信息需求的满足和实现，农民对所需信息的占有就多、拥有程度就高，信息不对称程度就会降低。因此，有效的信息供给是解决农民信息不对称问题不可忽视的因素。

信息供给包括信息生产和信息传播两个基本环节。本章在基于信息供给侧对中国农民信息不对称问题原因分析的基础上，分别从涉农信息生产和涉农信息传播两个方面提出解决农民信息不对称问题的对策措施。

第一节 从涉农信息生产方面解决农民信息不对称问题

一、涉农信息生产及其要素

涉农信息生产就是涉农信息生产者，利用一定的物质条件和手段，确定信息源，进行涉农信息采集、加工、处理，形成涉农信息产品的实践活动。涉农信息生产过程（见图5-1所示）主要包括确定信息源、信息采集、信息加工、信息产品的存储和应用反馈等环节。

涉农信息生产的要素包括生产者、生产对象、生产手段、信息科学技术和信息生产管理等要素。其中，生产者、生产对象和生产手段是涉农信息生产的基本要素，信息科学技术和信息生产管理是涉农信息生产的智能性或渗透性要素。涉农信息生产者就是涉农信息生产的主体，进行涉农信息产品的生产、分配和控制，是活跃的、能动的要素，在涉农信息生产中起主导作用，主要有各农业管理部门、涉农科研院所、大专院校的农业科技人员和从事涉农信息生产的信息技术人员、信息服务人员等。涉农信息生产对象就是涉农信息生产的客体，是涉农信息生产中的劳动对象，即用于加工处理的各种涉农信息源。涉农信息生产手段就是涉农信息生产过程中所运用的物质资料或物质条件，是联系涉农信息生产主客体之间的一系列中间环节，包括生产工具、能源动力系统、自动控制系统、信息的存储、传输和应用反馈系统等。信息科学技术就是指涉农信息生产中所利用的信息科学理论和信息技术，如信息论、控制论、计算机科学、人工智能等方面的理论和计算机技术、多媒体技术、传感和遥感技术、通信技术、控制技术、数据挖掘技术等信息技术。[1] 涉农信息生产管理就是围绕涉农信息生产而展开的一系列管理和服务活动，即运用经济、法律、技术等多种方法对涉农信息生产各环节的信息流进行控制，提高涉农信息的生产和利用效率以最

---

[1] 孙贵珍：《河北省农村信息贫困问题研究》，河北农业大学商学院2010年博士学位论文，第97页。

大程度实现其效用和价值。

二、涉农信息生产发展现状

我国农业信息化的全面推进和发展，促进了涉农信息的生产和传播。农业信息化就是利用现代信息技术，全面实现各类农业信息及其相关知识的获取、处理、传播、利用，提高农业生产效率、农企核心竞争力、农村经济运行效率以及农民生活质量，促进农村经济社会持续、稳定、高效发展的动态过程，其主要内容包括农业生产管理、科学技术、经营管理、市场流通、资源环境信息化及农民生活消费信息化等 6 个方面，通过农业信息采集、加工、发布等环节提供农业信息服务，向农民供给涉农信息。① 伴随农业信息化建设的快速发展，我国在涉农信息生产方面取得了以下显著成效。

（1）涉农信息生产环境不断优化。近年来，国家高度重视农业信息化的发展，在 2004—2015 年的中央一号文件中相继出台了促进农业信息化发展的一系列相关政策，其中涉及信息生产方面的相关政策见表 7-1；在国民经济五年规划中涉及有关农业信息生产方面的相关政策见表 7-2，这些政策不断优化了涉农信息的生产环境。

表 7-1　2004—2015 中央一号文件中有关涉农信息生产的政策

年份	主要政策内容
2004	提出"中央和地方要安排专门资金，支持农民专业合作组织开展信息、技术、培训、质量标准与认证、市场营销等服务"。
2005	在加强农村基础设施建设中，提出"加强农业信息化建设"。

---

① 郭作玉：《中国农村市场信息服务概论》（修订版），中国农业出版社 2008 版，第 5 页。

年份	主要政策内容
2006	提出"要积极推进农业信息化建设，充分利用和整合涉农信息资源"。
2007	提出"用信息技术装备农业。健全农业信息收集和发布制度，整合涉农信息资源，推动农业信息数据收集整理规范化、标准化。加快建设一批标准统一、实用性强的公用农业数据库。鼓励有条件的地方在农业生产中积极采用全球卫星定位系统、地理信息系统、遥感和管理信息系统等技术"。
2008	提出"积极推进农村信息化。按照求实效、重服务、广覆盖、多模式的要求，整合资源，共建平台，健全农村信息服务体系"。
2009	提出"加快农村基础设施建设"。
2010	提出"推进农村信息化"。
2011	提出"推进水利信息化建设，全面实施'金水工程'，加快建设国家防汛抗旱指挥系统和水资源管理信息系统，提高水资源调控、水利管理和工程运行的信息化水平，以水利信息化带动水利现代化"。
2012	提出"促进农业技术集成化、劳动过程机械化、生产经营信息化"。
2013	提出"整合资源建设乡村综合服务社和服务中心。发展农业信息服务，重点开发信息采集、精准作业、农村远程数字化和可视化、气象预测预报、灾害预警等技术"。
2014	提出"建设以农业物联网和精准装备为重点的农业全程信息化和机械化技术体系，推进以设施农业和农产品精深加工为重点的新兴产业技术研发"。
2015	提出"建立全程可追溯、互联共享的农产品质量和食品安全信息平台"。在农产品价格方面"运用现代信息技术，完善种植面积和产量统计调查，改进成本和价格监测办法"。"整合利用现有设施场地和资源，构建农村基层综合公共服务平台。"

表7-2　2004—2015年国民经济和社会发展五年规划中有关涉农信息生产的政策

规划	主要政策内容
"十五"	第三章第三节提出"加强农业质量标准体系、农产品质量检测检验体系和市场信息体系建设"。
"十一五"	第四章第三节提出"整合涉农信息资源，加强农村经济信息应用系统建设"。
"十二五"	第五章第三节提出"发展农业信息技术，提高农业生产经营信息化水平"；在十三章第一节提到"推动物联网关键技术研发和在重点领域的应用示范。加强云计算服务平台建设"。

（2）涉农信息资源建设成效明显。在涉农信息采集方面，信

息采集渠道不断拓展、完善。农业部目前在全国农业系统建成了涉及种植业、渔业、畜牧业、农机化、农村乡镇企业、农产品市场流通、农村经营管理和农业科教等多个行业和领域的信息采集渠道40条，形成信息采集点8000多个，建立了较为完善的信息采集指标体系和报送机制，利用远程互联网采集、报送农村有关涉农行业与领域的生产动态、市场动态、产品供求变化和价格行情、质量安全、灾害和疫情、气象情报、资源环境和政策法规等多领域涉农信息。[1] 在涉农信息网站建设方面，农业信息网站不断发展壮大，至2010年建成了覆盖"部、省、地、县"四级政府的农业网站群，全国31个省区的省级农业部门、超过3/4的地级农业部门以及近一半的县级农业部门均建立了能够较为及时更新的局域网和农业信息服务网站，[2] 并且农业部建成涉及农业政策法规、农业科技与人才、农产品价格等方面的60多个数据库，[3] 各个省级的农业部门也相继建设了有关农业政策、农业科技、农业生产、农产品价格及供求等领域的数据库，至2012年全国共建有涉农数据库305个及至2013年6月全国涉农网站数量达5万多家，[4] 包括种植、养殖类信息网站等专业特色农业网站和农村电子政务、电子商务等综合性门户网站。

（3）涉农信息生产技术的应用不断深入。农业信息化的快速发展，促进了移动互联、云计算、物联网、大数据等现代信息技术

---

[1] 李道亮主编：《中国农村信息化发展报告（2011）》，电子工业出版社2012年版，第2页。

[2] 闫东浩：《对农业政府网站发展的思考》，《中国信息界》2012年第8期。

[3] 《全国农业农村信息化发展"十二五"规划》，2011年11月25日，见http://www.moa.gov.cn/sjzz/scs/tzgg/201111/t20111125_2417515.htm。

[4] 张辉、孙素芬、谭翠萍：《2004—2015年我国农业信息化发展及趋势研究》，《安徽农业科学》2014年第35期。

在农业生产过程、农产品流通过程、农业管理过程和农村社会服务等领域的不断渗透、应用，同时也促进了这些技术在涉农信息资源开发、利用及信息服务等方面的应用和发展。例如，2013 年，农业部以天津、上海、安徽 3 省市为试点启动农业物联网区域试验工程，目标在于"开展农业物联网应用理论研究，探索农业物联网应用主攻方向、重点领域、发展模式及推进路径；开展农业物联网技术研发与系统集成，构建农业物联网应用技术、标准、政策体系；构建农业物联网公共服务平台；建立中央与地方、政府与市场、产学研和多部门协同推进的创新机制和可持续发展的商业模式；适时开展成功经验模式的推广应用"。①

此外，随着农业信息化的不断深入，在涉农信息生产方面也存在以下主要问题。

（1）社会对涉农信息生产重要性的认知不到位。涉农信息生产是涉农信息供给的首要环节，直接影响着用户信息需求的满足，因此涉农信息的有效生产对涉农信息的供给和需求具有重要的意义。然而，有些地方对涉农信息生产在涉农信息供给和需求中的重要性认识不到位，对涉农信息生产的重视程度不够，未充分认识到涉农信息在调整农业生产结构、改变农业生产方式、促进农业资源合理利用、降低市场风险、帮助农民做出正确生产决策、改变农民生产和经营理念等方面的重要作用，加之涉农信息生产是一项复杂系统工程，投入大、周期长，需要多部门相互协作，致使一些地方或部门对涉农信息生产的积极性欠缺。

（2）缺乏满足农民信息需求的涉农信息产品。涉农信息产品

---

① 《农业物联网区域试验工程工作方案》，2013 年 5 月 6 日，见 http：//www.moa.gov.cn/govpublic/SCYJJXXS/201305/t20130506_ 3451467.htm。

不能满足农民信息需求是造成农民信息不对称问题的主要原因之一，也是涉农信息供给亟待解决的一个现实问题。现代通信技术、传播技术的发展及互联网的应用、普及大大促进了涉农信息的采集、传播的速度及规模，但是供给的涉农信息多是宏观的、笼统的、政策性的、直观的、面上的、不完整的，而微观的、针对性的、可操作性的、指导农业生产和协作经营决策、区域性的、完整的信息相对较少。近年来，此起彼伏的鲜活农产品滞销、卖难，就说明农民在农业生产经营方面缺乏及时的、完整的市场信息。本书对涉农信息供给的调查结果（见表5-1）显示，当前涉农信息的供给在很大程度上不能满足农民的信息需要，表现在所提供的涉农信息的数量不足，质量不高，信息的有效性、时效性、实用性较差，存在一定程度的虚假信息。例如，在对"您对所获取的信息满意吗"及"如不满意，原因是什么"的调查中，67.79%的农民对所获取的信息不满意，在不满意原因的选项中位于前两位的是信息"不及时"和"数量不够"，比例分别为53.23%和34.68%。

（3）涉农信息生产管理水平不高，信息资源不能共享。虽然涉农信息网站和数据库发展较快，网站的信息种类繁多，但是信息适用性不强、更新不及时，导致涉农信息资源开发落后于涉农网站等基础设施建设和农民的信息需要，出现"有路无车，有车无货"的现象，涉农信息资源的实用性有待提高。在涉农信息生产中，各部门对信息资源独立开发、垄断控制和使用、利益割据，导致涉农信息或数据资源在各个部门中"烟囱林立、条块分割"，引发重复生产，信息孤岛、数据壁垒较为普遍，由此带来了信息不对称问题。此外，在基层涉农信息生产中，缺乏统一的信息采集标准、技术标准和信息协调管理机制，对农产品市场信息、供需信息等不能进行及时采集、处理，难以实现互联互通和信息资源共享，导致信息不对称问题的产生。

（4）复合型涉农信息人才不足。涉农信息涉及农业生产、信息技术、经营管理等多个领域，其生产需要大批具有农业生产相关知识、精通信息技术、熟悉农业经济及管理的综合性专业技术人才，根据农民或用户的信息需求，进行各类涉农信息生产以提供信息和服务。在相关农业管理部门或机构，特别是基层，既懂农业科学技术又懂信息技术的人不多，再加上懂农业经营管理的人就更少了，这样使得涉农信息采集的覆盖面小、范围窄，制约着涉农信息生产的数量和质量。例如，在对"您认为农村信息化建设的主要障碍是什么"（见表5-1）的调查中，"信息技术人员缺乏"在五选项中居于首位。

现有的信息生产人员存在知识结构、职称结构、年龄结构不合理。知识结构不合理，指信息人员所拥有的知识技能同从事涉农信息生产所需要的知识技能相差较大，难以胜任工作；职称结构不合理，指高级、中级、初级职称人员比例不合理，特别是高级职称人员所占比例小，对于较高科技含量的任务或工作，就不能高质量完成；年龄结构不合理，指中青年信息人员缺乏，所占比例小，对信息技术、新事物的领会接受能力、洞察力及敏感力就差些。

三、从涉农信息生产方面解决农民信息不对称问题的对策措施

2016年中央一号文件《关于落实发展新理念加快农业现代化实现全面小康目标的若干意见》强调用"创新、协调、绿色、开放、共享"的发展理念解决"三农"问题，有序推动农业现代化。

农业信息化是实现农业现代化的重要途径，把"创新、协调、绿色、开放、共享"的发展理念贯彻落实到推进农业信息化建设的全过程，不仅能够极大地促进农业信息化和农业现代化的发展，也为从涉农信息生产方面解决我国农民信息不对称问题指明了方向。根据农民信息不对称问题在信息供给方面的原因分析及涉农信息生产中存在的主要问题，分别从涉农信息生产的认知、信息资源的开发和管理、信息人才队伍建设等方面，提出解决我国农民信息不对称问题的对策措施。

1. 加强社会对涉农信息生产重要性的认知和重视程度

信息时代，信息是重要的资源和生产要素，在生产和经济增长中起决定性作用。在现代农业生产中，生产什么、怎么生产和如何出售产品才能取得好的收益，已经不单纯是技术、资金问题，更主要的在于信息。因此，涉农信息及其生产在发展现代农业、促进农业增产增效和农民增收方面具有重要的意义和作用。

一般而言，多数涉农信息具有公共物品（公共使用或消费的物品）的两个特征：（1）消费上的非竞争性，是指一个人对某涉农信息的消费并不排斥或妨碍其他人同时消费该信息，亦不会由此而减少其他人消费该信息的数量和质量。也就是说，消费某涉农信息的边际成本和边际拥挤成本都为零。（2）消费上的非排他性，是指一个人在消费某涉农信息时，不排除其他人消费该信息（无论他们是否付费），或者排除的成本很高。亦即，在技术上无法将拒绝为之付费的人排除在该信息的受益范围之外。此外，有些涉农信息具有准公共物品（介于纯公共物品和私人物品之间的物品）的特征：（1）具有非竞争性，不具有非排他性。由于涉农信息的生产和获得需要投入一定的成本，而且信息的获取需要借助于一定物质载体或手段，因此涉农信息的利用或消费就需要付出一定的成本，这就排除了某些人对该信息的消费或受益，在此情形下，涉农信息往往不具有非排他性。（2）具有非排他性，不具有非竞争性。是指某涉农信息的消费会随着消费者数量的增加而出现拥挤现象，导致消费该信息的收益下降，即该信息的边际拥挤成本不为零，在此情形下，涉农信息就具有了一定的消费竞争性。

当前，由于农民的信息消费能力较低，农村信息市场发展相对滞后，多数涉农信息具有公共物品的性质，因此政府应该是涉农信息的主要供给者，在涉农信息的生产中起主导作用。对于具有公共物品特征的涉农信息，由于搭便车问题导致市场失灵，难以由市场提供，这需要由政府提供和对信息市场进行干预，一方面由政府及其相关部门进行投资、生产，另一方面政府通过一定的预算或政策安排或者补贴和优惠等方法，引导、鼓励其他企业或组织等社会力量进行投资、生产，而后者对于具有准公共物品特征的涉农信息的生产更是如此。

总之，在涉农信息生产中，要强化和发挥政府的主导作用，积极引导、鼓励 IT 企业、科研院所、大专院校、农民合作社等社会力量的参与，通过公私合作供给涉农信息产品，发挥政府和市场的双重优势，促进涉农信息生产的高效运行，发挥和体现涉农信息服务"三农"的重要作用和现实价值，提高社会对涉农信息生产的重视程度，进而加强社会对涉农信息生产的关注、支持和投入，并使之内化于心、外化于行。

2. 根据农民信息需求和生产实际，生产完整的涉农信息产品

涉农信息生产的目的是生产出可供使用的、满足需要的涉农信息产品，以减少农业生产经营中的不确定性和风险。根据农民的信

息需求进行涉农信息生产，有利于提高涉农信息产品的实效性，最大限度地满足农民的信息需求，缓解农民信息不对称问题。农民不仅是涉农信息产品的主要需求者、使用者，也是其价值的主要评价者，因此考察农民信息需求包括农民信息需求的表达和农民对信息利用价值的评价两个方面。

（1）农民信息需求的表达

信息需求随着用户的认知变化而变化，信息学家科亨（Kochen）把用户的信息需求分为三个层次：客观状态、认识状态和表达状态（见图4-1）。农民客观信息需求是指农民为解决一定社会环境下存在的问题而需要的相关信息。在实际的农业生产经营中，由于受到信息素养、文化程度、认知能力、表达能力等因素的影响，农民只能认识到其信息需求中的一部分，而同时能够表达出来的信息又是其正确认识到的这部分信息中的一部分，农民信息需求三种状态之间的关系如图7-1所示。①

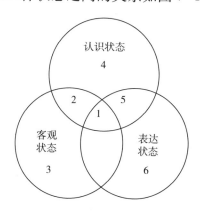

区域1：被准确认识并表达的客观信息需求
区域2：被认识但未能表达的客观信息需求
区域3：未被认识和表达的客观信息需求
区域4：认识有误但未表达的客观信息需求
区域5：认识有误且被表达的客观信息需求
区域6：认识有误、表达亦有误的信息需求

图7-1　农民信息需求状态描述

---

① 王栓军、孙贵珍：《基于信息需求状态的农民信息不对称分析》，《河北软件职业技术学院学报》2012年第4期。

由图7-1可知，区域1部分是被农民准确认识并能正确表达出来的客观信息需求，它只是农民涉农信息需求中的一小部分。由此，通过访谈、调查问卷等方式获得的关于农民涉农信息需求的认知，不能完全作为农民涉农信息需求的完整表达，可作为涉农信息生产的重要参考依据。

（2）农民对信息的价值评价

农民对信息的价值评价就是对农民与所获得的信息之间的价值关系的认识，即对利用所获得的信息能否满足自己某种需要以及对需要满足程度的评价。农民对涉农信息利用的价值评价，对于农民而言，可以作为农民对自身涉农信息需求的主观反映；对于涉农信息生产者而言，可以作为涉农信息生产的新的生产要素或资源，会以信息反馈的形式再输入给信息生产者，对涉农信息生产实施优化调整，以生产出符合农民信息需求的涉农信息产品。

（3）农民信息需求调查

为了解农民信息需求及其对不同类别信息的需要强度，本书在农民信息需求的调查问卷设计中，有"您最需要哪些信息类别？"的调查项，通过对黑龙江省、河北省、海南省、安徽省、河南省、云南省、内蒙古自治区等7省区1574位农民的调查结果进行统计整理，得到表7-3农民需要的信息排序。

由表7-3可知，市场价格、种植等农业科技和灾害、疫情预报与防范技术等三项依次排在农民信息需求的前三位，这说明农民已经意识到市场价格、农业科技、病虫害防治和自然灾害等信息对增加收入和农业生产的重要性，农民的生产活动、经济收入同农产品市场密切相关，农民的疫情灾害预警意识日益增强，在涉农信息生产中应该优先生产这些类别的信息。农业气象、政策法规、农产品供求、职业技术培训、家庭生活信息、新品种等信息依次排在第四至第九位，这说明农民也认识到了在生产中规避不利气象因素、了解相关政策法规和市场需求的重要性，这些类别的信息也是农民比较关心的。

表7-3　农民需要的信息排序

排序	选项
1	市场价格
2	种植等农业科技
3	灾害、疫情预报与防范技术
4	农业气象
5	政策法规
6	农产品供求
7	职业技术培训
8	家庭生活信息（医疗保健、文化娱乐）
9	新品种
10	外出务工
11	农产品质量标准
12	财政金融
13	其他

近年来发生的农产品农药残留超标、蔬菜中毒事件等问题，在一定程度上导致农产品卖难滞销，这说明农民、农业从业者和社会应该对农产品质量安全问题和农业标准化生产给予关注和重视。由表7-3可知，农民对农产品质量标准信息的需要程度较低，排序在倒数第三位，说明农民在农业生产中更看重产品的数量，产品质量意识和标准化生产意识不强，农业生产标准化程度不高，这在很大程度上影响着农业增产和农民增效。因此，要根据社会发展实际和市场需要，引导和增强农民在这方面的意识，为社会提

供质量安全的、放心的、标准化的农产品，减少生产风险，促进农业生产。

生产生活条件的变化带来农民信息需求的不断调整、变化，因此要对农民的需求信息进行定期调查，依据调查统计结果及时了解、掌握农民需要信息的先后次序和动态变化，作为涉农信息生产的参考，生产相应类别的信息。此外，由于农业生产具有明显的地域性、季节性、周期性和多样性，所以还要因地制宜地结合当地农民的生产实际和农村发展实际，确定、安排涉农信息的先后生产次序，提高涉农信息生产的针对性，满足农民信息需要。

3. 发展和利用农业农村大数据，提高涉农信息生产管理水平和信息资源共享

（1）农业农村大数据是提高涉农信息生产管理和信息资源共享的一条有效途径

大数据顾名思义就是巨量数据集合，是以"容量大、类型多、存取速度快、应用价值高为主要特征的数据集合，正快速发展为对数量巨大、来源分散、格式多样的数据进行采集、存储和关联分析，从中发现新知识、创造新价值、提升新能力的新一代信息技术和服务业态"。① 当前，大数据成为一个国家发展的战略资源，对经济社会发展的推动作用日益凸显，发展和应用大数据对促进经济转型、提高国家竞争力和提升政府治理能力具有重要的意义。

我国是个农业大国，农业和农村是应用大数据的主要领域之一，农业农村大数据是我国大数据发展和应用的一个重要内容，是

---

① 《促进大数据发展行动纲要》，2015 年 9 月 5 日，见 http：//politics. people. com. cn/n/2015/0905/c1001-27545655. html。

推进农业发展的重要战略资源。随着农业信息化的不断深化，农业农村大数据的发展和应用成为我国现代农业建设的关键要素，对转变农业资源的利用方式、农产品供给侧和需求侧结构性改革、农业生产经营的科学决策等方面具有巨大的推动作用。

涉农信息生产管理是围绕涉农信息生产而展开的一系列管理和服务活动，其目的是形成可供利用的涉农信息资源，提高涉农信息的利用效率，最大限度地实现涉农信息的效用和价值。为此，在涉农信息生产中，信息的采集和加工需要科学、规范、统一的标准，实现信息标准化；整合各类信息资源，促进互联互通，推动资源共享；制定相关的法律法规，强化安全保障，促进信息生产的健康发展。

为了促进大数据在我国的发展与应用，国务院于 2015 年 8 月发布了《促进大数据发展行动纲要》，其中，加快政府数据开放共享、资源整合及发展农业农村大数据是其主要任务之一。2015 年 12 月农业部发布了《关于推进农业农村大数据发展的实施意见》，以推动农业农村大数据的发展，发挥大数据在农业农村发展中的巨大潜力和重要作用，为农业现代化发展提供更好的支撑和服务。农业信息化是实现农业现代化的关键手段，涉农信息生产是农业信息化的重要内容，这就为利用农业农村大数据进行涉农信息生产提供了政策支持。伴随互联网和农业信息化的快速发展，农村网络基础设施建设有了较快发展，农村网民人数不断增长，根据中国互联网信息中心发布的第 38 次《中国互联网络发展状况统计报告》，"截至 2016 年 6 月，我国网民中农村网民占比 26.9%，农村互联网普及率为 31.7% 且保持稳定"①，加之移动互联网、云计算、物联网

①　中国互联网络信息中心：《第 38 次中国互联网络发展状况统计报告》，2016 年 8 月 3 日，见 http://www1.cnnic.cn/hlwfzyj/hlwxzbg/hlwtjbg/201608/t20160803_ 54392.htm。

等新一代信息技术的迅速发展和各类巨量数据的快速形成，为利用农业农村大数据进行涉农信息生产提供了现实基础，同时大数据可以增强信息的及时性和准确性，实现资源共享，这使得农业农村大数据成为提高涉农信息生产能力和管理水平的一条有效途径。

（2）利用农业农村大数据开发涉农信息资源

涉农信息资源是指人类在社会实践活动中经过加工处理的、大量的、有序化的涉农信息集合。涉农信息资源从内容上包括两大类：一类是反映农业生产的自然信息，诸如作物品种、病虫害、疫情、土壤、水分、气象、生态等信息；另一类是社会经济信息，诸如农业科学技术、市场供求、农产品价格信息、政策法规、科研教育、农业管理等信息。随着信息技术和农业信息化的快速发展，开发网络信息资源成为涉农信息资源的主要内容之一，各种涉农网站的建立有利于各类涉农信息资源的交流与共享，有利于农业增产增效、农民增收。利用农业农村大数据开发涉农信息资源，可以提高信息的质量和数量，充分实现信息共享开放，满足农业发展需要，在农民信息需求明确的情况下，为农民提供及时、全面、准确的涉农信息和服务，及时满足农民的信息需求，提高涉农信息的有效性和利用价值。

利用农业农村大数据开发涉农信息资源需要注意以下方面：

第一，做好涉农信息资源规划。在此，涉农信息资源规划就是通过互联网，利用大数据技术对各类涉农信息资源的采集、加工、存储、传输、应用等方面的全面规划，这是进行涉农信息资源开发的先导。根据《关于推进农业农村大数据发展的实施意见》，发展和应用农业农村大数据的基础就是要建设国家涉农大数据中心。国家涉农大数据中心"由1个中央平台，种植、畜牧和渔业等产业数据，国际农业、全球遥感、质量安全、科技教育、设施装备、农业要素、资源环境、防灾减灾、疫病防控等数据资源及各省、自治区、直辖市农业数据分中心共同组成，集成农业部各类数据和涉农部门数据"。① 各省、自治区、直辖市农业数据中心的建设和涉农信息资源的规划应以此为纲，以科学发展为主题，遵循农业产业发展规律，发挥地方比较优势，按需设计、按标建设和合理规划。随着现代农业信息技术的发展、应用和涉农信息资源范围的不断扩大，原有的信息资源规划需要进行适时的调整，以促进涉农信息资源的高效开发利用。

第二，加快农业云计算、农业物联网等现代农业信息技术的发展和应用，为利用农业农村大数据开发涉农信息资源提供技术支持和保障。农业信息技术就是对农业系统中的信息进行采集、处理、存储、传输、发布及应用的电子技术，以计算机技术、遥感技术和通信技术等信息技术为应用基础。大数据的发展和利用离不开移动互联网、云计算、物联网等新一代信息技术，这些新技术是大数据价值体现的手段和发展的基石。移动互联网即把移动通信和互联网结合为一体，是以宽带 IP 为技术核心的，可同时提供文字、声音、数据、图画、影像、多媒体等高品质、高速度通信服务的新一代开放的通信网络，可实现永久在线、随时随地获取信息以及信息的高速度、大范围传播。云计算是基于互联网的一种超级计算模式，是分布式计算、并行计算、效用计算、网络存储、虚拟化等传统计算机和网络技术发展融合的产物，可以实现对海量数据信息的挖掘、存储、管理，可以通过互联网、以极低的成本用手机、电脑等任何

---

① 《农业部关于推进农业农村大数据发展的实施意见》，《中华人民共和国农业部公报》2016 年第 1 期。

设备在任何地点快速地获取信息、实现数据共享。物联网即物物相连的网络，它是以互联网为基础，利用通信技术和信息传感设备，对需要连接、互动、监控的任何物体或过程的信息进行实时采集，实现自动识别和信息的互联、共享，使人和物联在一起，达到物与物、人与物的互联互通。

相应地，农业农村大数据的发展和利用就需要发展和利用农业移动互联网、农业云计算、农业物联网等现代农业信息技术，并把它应用在农业生产智能化、农业资源环境监测、农业自然灾害预测预报、植物病虫害和动物疫病监测预警、农产品质量安全全程追溯、农作物种业全产业链信息查询、农产品产销信息监测预警、农业科技创新数据资源共享、农户生产经营的个性化需求、农业管理等农业农村大数据发展和应用的重点领域，加强涉农信息资源内容的丰富、发展及有效开发，例如：可以构建基于空间地理信息的农业生态环境和自然资源数据库，可以获得农业生产对象和生产环境的感知数据并进而对之集成、挖掘，可以获得农民生产经营中的需求数据并对之进行开发和利用，等等。因此，现代农业信息技术为利用农业农村大数据开发涉农信息资源给予基础性技术保障。

第三，落实各级农业主管部门在涉农信息资源开发中的责任。利用农业农村大数据开发涉农信息资源是一项系统工程，需要多部门多领域相互合作、有序开展，需要各级政府特别是各级农业主管部门在信息资源开发中起主导作用和牵头作用。各级农业主管部门及相关部门要明确责任、各司其职，确保各领域的涉农信息资源开发工作落实到位，同时还要结合自身实际，统筹协调、制定相关政策措施，引导、鼓励电信企业、大专院校、农业科研部门等社会力

量的积极参与，确保农业农村大数据开发涉农信息资源工作的顺利
进行和科学有序发展。

第四，制定农业数据采集、存储及使用管理的标准规范体系。
利用农业农村大数据进行涉农信息生产时，为确保互联互通、数据
共享，需要制定数据采集、存储和使用管理的标准规范体系。明确
各部门在涉农信息生产中的责任、内容和标准，合理规划部门之间
的分工、协作，避免重复生产；在信息采集方面构建包括涉农产
品、农业技术、市场需求、产品交易、资源要素、政策法规、教育
科研、政府管理等内容的数据指标、样本标准、采集方法和分析模
型等标准体系；在信息存储和使用管理方面制定信息存储系统标
准、分类目录、指标口径、数据质量、访问接口、交换接口、数据
交易、安全保密等标准体系。①

（3）利用农业农村大数据实现涉农信息资源的整合与共享

涉农信息资源的整合就是指利用一定的信息技术和设备，根据
一定的规范和标准，对原本离散的、异构的、多元的涉农信息资源
进行重组和融合，形成有序、高效的涉农信息资源，消除信息孤
岛，实现涉农信息资源的优化配置、信息共享。② 利用农业农村大
数据整合涉农信息资源，首先要加快宽带信息基础设施与农业信息
资源方面的建设。

信息基础设施涉及硬件、软件、网络等方面，这是整合涉农信
息资源的基础和载体。随着信息化的全面发展，宽带作为重要的信
息基础设施，支撑着云计算、移动互联、物联网以及大数据等现代

---

① 《农业部关于推进农业农村大数据发展的实施意见》，《中华人民共和国农业部公报》
2016 年第 1 期。

② 翟欣：《网络农业信息资源的挖掘与整合》，《科技信息》2010 年第 24 期。

信息技术及其相关产业的发展。因此，利用大数据整合涉农信息资源，特别要加快以互联网为代表的新一代信息基础设施建设，推进"宽带中国"战略的实施，加快农村宽带网络建设，提升农村宽带的网络速率和普及率，同时还要加强网络与信息安全建设，为涉农信息资源的整合共享提供安全的网络环境。

农业信息资源建设是涉农信息资源整合的主要内容，主要包括信息采集系统建设、农业信息数据库建设与农业信息标准化建设等方面。利用农业农村大数据整合涉农信息资源，在信息采集系统建设方面，按照"全面覆盖、上下贯通"的原则，建立云平台涉农信息资源采集系统，对来源分散、格式多样、数量庞大的各类农业数据进行采集、存储及关联分析，规范数据交换标准，加快数据的标准化改造；[①] 在规范现有农业信息采集渠道的同时，增加村、县两级的涉农信息网络监测采集点，改善农村信息观测点的信息采集手段，提高村级信息站数据采集质量，规范网络数据采集、传输、使用管理的标准，建立和完善农业数据的采集、处理、共享、服务的标准规范体系和基础设施。在农业信息数据库建设方面，主要是优先加快农业农村大数据在农业生产智能化、农业资源环境监测、农业自然灾害预测预报、动植物病虫害及疫病监测预警、农产品质量安全、农作物全产业链信息查询、农产品数据监测预警、农业科教系统等重点发展和应用领域的数据库建设，为数据资源共享奠定基础。[②] 同时还要注意以云计算和大数据为技术支撑，设置专门的数据处理机构，建立国家、地方、专业云平台大数

---

① 《国务院印发促进大数据发展行动纲要》，2015年9月5日，见http：//politics. people. com. cn/n/2015/0905/c1001-27545655. html。

② 《农业部关于推进农业农村大数据发展的实施意见》，《中华人民共和国农业部公报》2016年第1期。

据处理中心，统筹整合各地、各类涉农信息资源，统一数据管理，发挥大数据的数据集成、分析和挖掘能力，促进涉农信息资源的整合共享，为涉农信息用户提供高效的数据服务。在农业信息标准化建设方面，建立互联网涉农数据生产、传输、利用的标准体系，促进涉农信息资源的共建共享。

此外，利用农业农村大数据整合涉农信息资源，还应建立健全涉农信息整合与共享的政策法规体系，为利用农业农村大数据进行涉农信息资源的开发、整合与共享提供制度保障，促进涉农信息生产的有序、高效发展。

4. 加强多层次、复合型的涉农信息专业人才培养

涉农信息的多学科特点，要求涉农信息生产人员具有较高的素质，具备农业、经济管理、计算机、网络等多学科领域的相关知识和技能。农业云计算、农业物联网、农业大数据、农业移动互联网等新一代农业技术的发展和应用，从涉农信息采集、加工处理、存储、服务以及涉农信息资源的开发、整合等方面对涉农信息生产人员提出了更高的要求。涉农信息生产者是涉农信息生产的主体，是涉农信息生产中首要的、最活跃的因素，其素质高低影响着涉农信息生产的效率、涉农信息产品质量、涉农信息生产和涉农信息资源开发的广度和深度，也进一步影响着涉农信息产品对农民信息需求的满足程度。因此，提高涉农信息生产人员的素质，有利于提高涉农信息生产水平，有利于促进农民信息不对称问题的解决。

针对当前涉农信息生产中，复合型的信息人才欠缺、现有从业人员整体素质不高以及知识结构、职称结构和年龄结构不合理等客观现实，从涉农信息生产实际出发以及对涉农信息生产人员素质的要求，就要创新人才培养模式，建立多层次、复合型的涉农信息专

业人才培养体系。主要措施有：（1）加强对现有涉农信息生产人员的在职教育或培训。从提高信息生产人员的素质而言，可以采取在职培训和在职教育模式，有步骤、有计划、有主次、分批次地对现有信息生产人员进行培养。（2）对于急需、紧缺的高层次涉农信息专业人才，可以采取人才引进模式，通过制定一定优惠政策直接引进，或者高薪聘用。（3）采取高等教育的培养模式，从源头培养复合型涉农信息专业人才。鉴于目前计算机专业人才和农学专业人才之间的知识不能衔接的现实，一方面，鼓励农业院校设置相应的专业如"农业信息化"，进行复合型涉农信息专业人才的培养；另一方面，鼓励采取"多校合作"的培养模式进行复合型涉农信息专业人才培养，如北京大学、中国人民大学、中国科学院大学、中央财经大学、首都经贸大学5所高校组建了一个协同创新平台，以"应用统计专业硕士"为载体，进行大数据分析方面的人才培养。[1]（4）采取校企联合培养模式，鼓励职业院校、高等院校和企业联合培养复合型涉农信息专业人才，既重视其理论掌握，又加强其技能实践。

第二节　从涉农信息传播方面解决
农民信息不对称问题

一、涉农信息传播及其要素

涉农信息传播就是涉农信息的传递过程，即涉农信息传播者，

---

[1]　汪瑞林：《人民大学教授袁卫：探索大数据人才的培养之道》，《中国教育报》2014年6月30日。

借助一定的传播载体或传播渠道，向信息用户传递、扩散涉农信息，并期望达到一定预期效果的信息传递过程。涉农信息传播过程（见图 5.2 所示）主要包括涉农信息的发送、传递、接收及信息反馈等环节。

涉农信息传播的要素包括传播者、传播内容、传播媒介、传播对象和传播效果等要素。涉农信息传播者就是涉农信息传播的发起人或引发者，通过一定传播媒介向涉农信息用户发送、传递涉农信息并提供相关服务，他们掌控着"传播什么""如何传播"，[①] 在涉农信息传播中发挥主导作用，是涉农信息传播的主导性、能动性要素，主要包括各级涉农信息服务部门及其服务人员、传播机构或媒介组织及其工作人员、农技推广服务组织及农技推广人员等。涉农信息传播内容就是传递的各类涉农信息，诸如市场供需信息、价格信息、科技及推广信息、政策信息、资源信息、气象信息、灾害及疫情预警信息，[②] 等等。涉农信息传播媒介就是传播涉农信息的通道、载体、手段、工具等，包括报纸、杂志和书籍等纸质媒体以及广播、电视、互联网、手机等。涉农信息传播对象就是涉农信息的接收者和反应者，是涉农信息传播者的作用对象，他们一方面可以通过接收信息改变自己的行为，另一方面也可以通过信息反馈影响传播者，主要包括从事农业生产的农民、企业或组织以及农产品经营者，等等。涉农信息传播效果就是涉农信息传播产生的特定效果，即涉农信息传播带来的传播目标的实现情况、信息用户思想和行为的反应和变化以及由此产生的社会影响，体现了涉农信息传播

---

① 李佳：《略论传播效果与传播对象》，《传媒》2014 年第 10 期。

② 孙贵珍：《河北省农村信息贫困问题研究》，河北农业大学商学院 2010 年博士学位论文，第 111 页。

活动的目的，是涉农信息传播的根本。

二、涉农信息传播发展现状

利用现代信息技术，全面实现各类涉农信息及其相关知识的传播与合理利用是农业信息化建设的内容之一。伴随农业信息化的发展，我国在涉农信息传播方面也取得了以下显著成效。

（1）涉农信息传播环境不断优化。2004—2015年的中央一号文件提出了促进农业信息化发展的一系列政策，其中有关信息传播方面的相关政策见表7-4，主要涉及基础设施、信息服务、系统平台等领域，并在全国范围内推进"金农工程""12316"三农服务热线等农业信息化工程；在国民经济五年规划中也涉及有关农业信息传播方面的相关政策见表7-5，这些政策促进了涉农信息传播环境的不断优化。

（2）农村信息基础设施显著改观。自2004年至2013年10年间，国家累计投入870亿元用于农业农村信息化基础设施建设，开通电话的行政村和自然村有20.4万个，开通电话的自然村比例达95.6%；通网络宽带的乡镇和行政村有11.1万个，通宽带的行政村比例达91%；建成33.8万个乡镇、村信息服务站点，全国乡镇开展信息下乡覆盖率达85%。[①] 根据《中国统计年鉴（2015）》，到2014年底，农村居民平均拥有固定电话为38.9部/百户、平均拥有移动电话为215.0部/百户；全国互联网宽带接入户为20048.3万户，其中农村宽带接入户有4873.7万户，占24.31%；农村广播节目综合人口覆盖率为97.29%，农村电视节目综合人口覆盖率为98.11%，农

---

① 张辉、孙素芬、谭翠萍：《2004—2015年我国农业信息化发展及趋势研究》，《安徽农业科学》2014年第35期。

村有线广播电视用户数占农村家庭总户数比重为 31.55%。①

表 7-4　2004—2015 中央一号文件中有关涉农信息传播的政策

年份	主要政策内容
2004	提出"有关部门要密切跟踪监测和及时通报国内外市场供需、政策法规和疫病疫情、检验检疫标准等动态,为农产品出口企业提供信息服务"。
2005	在加强农村基础设施建设中,提出"搞好农产品市场信息体系建设"。
2006	提出"要积极推进农业信息化建设,强化面向农村的广播电视电信等信息服务,重点抓好'金农'工程和农业综合信息服务平台建设工程"。
2007	提出"加强信息服务平台建设,深入实施'金农'工程,建立国家、省、市、县四级农业信息网络互联中心。加强农村一体化的信息基础设施建设,创新服务模式,启动农村信息化示范工程。积极发挥气象为农业生产和农民生活服务的作用"。
2008	提出"推进'金农'、'三电合一'、农村信息化示范和农村商务信息服务等工程建设,积极探索信息服务进村入户的途径和办法。在全国推广资费优惠的农业公益性服务电话。健全农业信息收集和发布制度,为农民和企业提供及时有效的信息服务"。
2009	提出"推进广播电视村村通、文化信息资源共享、乡镇综合文化站和村文化室建设、农村电影放映、农家书屋等重点文化惠民工程"。
2010	提出"推进农村信息化,积极支持农村电信和互联网基础设施建设,健全农村综合信息服务体系"。
2012	提出"充分利用广播电视、报刊、互联网、手机等媒体和现代信息技术,为农民提供高效便捷、简明直观、双向互动的服务"。"全面推进农业农村信息化,着力提高农业生产经营、质量安全控制、市场流通的信息服务水平。整合利用农村党员干部现代远程教育等网络资源,搭建三网融合的信息服务快速通道"。"充分利用现代信息技术手段,发展农产品电子商务等现代交易方式。"
2013	提出"大力培育现代流通方式和新型流通业态,发展农产品网上交易、连锁分销和农民网店","加快用信息化手段推进现代农业建设,启动金农工程二期,推动国家农村信息化试点省建设"。
2014	提出"启动农村流通设施和农产品批发市场信息化提升工程,加强农产品电子商务平台建设"。
2015	提出"建立农业科技协同创新联盟,依托国家农业科技园区搭建农业科技融资、信息、品牌服务平台"。"充分发挥科研院所、高校及其新农村发展研究院、职业院校、科技特派员队伍在科研成果转化中的作用"。"支持电商、物流、商贸、金融等企业参与涉农电子商务平台建设。开展电子商务进农村综合示范。""深入推进农村广播电视、通信等村村通工程,加快农村信息基础设施建设和宽带普及,推进信息进村入户"。

---

① 《中国统计年鉴 2015》,见 http://www.stats.gov.cn/tjsj/ndsj/2015/indexch.htm。

表 7-5　2004—2015 年国民经济和社会发展五年规划中有关涉农信息传播的政策

规划	主要政策内容
"十五"	第六章第一节提出"重视信息网络技术在农产品交易、农业技术推广等领域的应用"。
"十一五"	第六章第一节提出"建立电信普遍服务基金，加强农村信息网络建设，发展农村邮政和电信，基本实现村村通电话、乡乡能上网"。
"十二五"	第七章第二节提出"推进农村信息基础设施建设"、第十三章第一节提出"加快农村地区宽带网络建设，全面提高宽带普及率和接入带宽。以广电和电信业务双向进入为重点，建立健全法律法规和标准，实现电信网、广电网、互联网三网融合，促进网络互联互通和业务融合"。

　　（3）涉农信息服务体系不断完善。经过"十一五"的建设，基本形成了"县有信息服务机构、乡有信息站、村有信息点"的基层信息服务组织体系。在全国省级农业部门中，均设有专门从事信息化工作的相应职能机构，"97%的地市级农业部门、80%以上的县级农业部门"成立了信息化管理及服务机构，"70%以上的乡镇"设有信息服务站，在农村设有的信息服务站/点达 100 多万个，有农村信息员 70 多万人。① 此外，涉农信息服务平台不断增多。自 2005 年农业部在全国开展了"三电合一"（电视、电话和电脑）涉农综合信息服务平台建设，各地也均从"三农"和社会实际出发，建设与本地"三农"发展相适合的涉农信息服务平台，2014 年农业部建成了"三农综合信息服务平台（12316 中央平台）"，完成了对"11 个省的三农综合信息服务数据对接和支撑监管"，初步形成了"以部级中央平台为支撑监管、省级平台为应用保障、县乡级服务终端为延伸的全

①　李道亮主编：《中国农村信息化发展报告（2011）》，电子工业出版社 2012 年版，第 2 页。

国 12316 三农综合信息服务平台体系";① 中国电信、中国联通、中国移动等三大电信运营商也各自打造了惠及农民的信息服务平台，如中国电信的"信息田园"、中国联通的"农业新时空"、中国移动的"农信通"等；越来越多的涉农企业也纷纷建立自己的信息服务平台，在宣传自己产品的同时，给予有关的网上服务。不断涌现的涉农信息服务平台，带来了各具特色、日趋成熟的信息服务模式，如吉林"12316"新农村热线、"浙江农民信箱"、上海"农民一点通"、海南"农技 110"、广东"农村信息直通车"、山西"我爱我村"、甘肃"金塔模式"、云南"数字乡村"，等等。

此外，随着互联网的快速发展，在涉农信息传播方面也存在以下主要问题。

（1）农村宽带网络基础设施建设滞后于现代农业信息技术的发展，互联网普及率不高，多数农民用不上、用不起的现象普遍存在。宽带网络是农业云计算、农业物联网、农业农村大数据、农业移动互联网等新一代信息技术发展和应用的重要的信息基础设施，是实现涉农信息资源整合和共享及涉农信息有效传播的重要的物质载体。目前，我国农村信息基础设施虽然取得了显著改观，但在宽带网络方面发展相对落后，农村宽带发展离人们的实际需求有很大差距，宽带网速慢，服务差，收费高，城乡和区域发展不平衡，不利于涉农信息的有效传播。2014 年《信息化服务的高成本问题研究——网络基础设施服务》② 研究报告显示，中国农村宽带普及率较低和宽

---

① 苏万明、于文静：《全国 12316 三农综合信息服务平台体系初步形成》，2014 年 10 月 28 日，见 http：//news. xinhuanet. com/local/2014-10/28/c_ 1113015379. htm。

② 中国信息化百人会 2014 年会暨信息化与全面深化改革研讨会 1 月 18 日在北京举行，会上发布了《信息化服务的高成本问题研究——网络基础设施服务》这一研究报告。

带资费相对较高，截至 2012 年底，中国还有 7.5 万个行政村未通宽带，农村宽带普及率仅为 6.3%，是城市的 1/3，城乡宽带普及率差距连续 3 年拉大；目前农村宽带资费显著比城镇的高，从宽带资费占居民收入的比重看，各省宽带接入平均价占城镇居民收入的比重普遍低于 4%，但是占农村居民纯收入比重却普遍高于 8%，而在西部农村地区则基本高于 10%，明显比中东部地区高。[①]

（2）在涉农信息服务中，政府的市场信息公开职能缺位，缺乏对农民生产经营的必要引导。涉农信息的准公共产品特性，决定了政府在涉农信息传播中的主导地位和主导作用，"政府主导型"的传播模式成为涉农信息传播的主要模式。这种"自上而下"的信息传播模式往往使传播和公开的信息偏离农民的生产实际，缺乏针对性、时效性。在我国农业以散户众多为特征的情况下，政府需要承担起全面市场信息公开的职能，引导农民生产结构的适时调整。目前，农业生产经营频现的"同步振荡"现象，即在农业生产经营过程中，人们扎堆改种、扎堆上市、然后价格雪崩，第二年再扎堆减少种植，这种周期性的变化就被称作市场的"同步振荡"，说明政府的全面市场信息公开职能缺位，不能对农民的生产经营进行必要的引导。面对市场风险，各级政府应该向农民提供市场相关信息并对之及时更新，保证信息的完整性，让农民了解整个市场情况，及时获取市场信息并以此为根据来判断应该种什么，根据市场需求调整生产结构。

（3）农民通过互联网渠道获取、发布涉农信息的能力不高。现代信息技术的快速发展，使互联网成为信息传播的主要传播渠道

---

① 参见李金磊：《报告称中国城乡宽带普及率差距连续三年扩大》，2014 年 10 月 28 日，见 http://www.zgg.org.cn/gdxw/201401/t20140119_ 417322.html。

和传播手段，其传播速度快、广覆盖、超越时空、实时交互性资源共享等特点有利于提高涉农信息传播效果。目前，农民整体上的信息意识和信息能力普遍偏低，信息素质整体不高，导致大多数农民不能通过互联网渠道及时地进行涉农信息的获取、传播和信息反馈。本书在农民信息需求调查问卷中，设计了涉及利用互联网获取、发布信息的调查项目。其中，"您经常获取信息的主要渠道/来源有什么？"调查项（见表5-2），选择比例由高到低排在前七位的依次为：亲朋邻居（37.00%）、电视（31.93%）、电话（27.14%）、村干部（15.68%）、广播（9.69%）、互联网（8.15%）、报纸杂志（7.58%）。由此可见，亲朋邻居之间的人际传播是最主要的信息传播渠道，通过互联网获取信息的比例比较低。关于"出售农产品时，您如何获得有关价格信息？"调查项（见表5-2），选择"通过网络查询"的仅有11.88%，在5个选项中排在第四位；关于"您通过哪种方式出售农产品？"调查项（见表5-2），选择"通过网络发布信息"的仅有5.15%，在5个选项中排在第四位；关于"您在互联网上进行过交易吗？"调查项（见表4-2），在4个选择项中，选择"没有尝试过"的占75.30%，选择"只发布过信息"的占12.95%，选择"成功尝试过"的占10.04%，选择"经常网上交易"的占1.71%。由此可见，互联网时代，农民利用互联网获取、发布信息的能力不高，互联网这一信息传播渠道未被农民充分利用，这在很大程度上制约着涉农信息的有效传播。

（4）涉农信息传播的反馈机制不健全，农民的信息反馈意识缺乏、反馈渠道有限。传播学研究表明，受众的反馈是传播目的能否实现的关键，反馈机制影响和制约着整个传播体系。在涉农信息传播过程中，信息反馈就是信息用户通过一定的形式，把对接收到的信息的评价及新的信息需求传递给信息传播者，以实现再传播的优化调整，这是涉农信息传播过程中必不可少的环节。在涉农信息传播中，农民既是涉农信息的接收者，又是反馈信息的传播者，以"自上而下"为主的单向传播模式，往往只注重农民被动接收信息的一面，忽视了农民作为反馈主体，主动反馈信息的一面，致使政府和社会缺乏对涉农信息反馈的重视和支持，缺乏对涉农信息反馈渠道的建设，农民反映或咨询的有些问题往往得不到满意的回复、解答或解决，从而影响农民信息反馈的主动性和积极性。涉农信息反馈机制不健全、反馈渠道有限，这在一定程度上使农民丧失了在涉农信息传播中的话语权。此外，由于农民的信息素质和文化素质普遍偏低，加之受传统思想的影响，农民的信息反馈意识缺乏，参与信息反馈的主动性不高，导致涉农信息不能得到高效的实施和利用，也严重影响和制约着涉农信息的有效传播。

（5）涉农信息传播的法律法规不健全。当前，涉农信息传播的相关法律法规不健全、不完善，制约着涉农信息传播的健康、持续发展。本书在对农民信息获取状况的调查中，设计了"限制您不能及时获取信息的主要因素是什么？"调查项（见表5-2），在5个选项中，选择"害怕假信息"的占40.09%，选择"缺乏信息渠道"的占28.27%，选择"缺乏合适的信息"的占28.14%，选择"经济条件"的占22.68%，选择"个人文化素质"的占20.46%。这说明，虚假信息成为了当前限制农民获取信息的一个主要的制约因素。涉农网站和涉农信息服务平台建设的不断发展，带来了海量的涉农信息，其中良莠不齐、鱼龙混杂，由于多数农民的信息甄别能力有限，市场和网络上充斥的一些虚假伪劣信息导致坑农、害农、骗农的事件时有发生，针对虚假信息的制造者和传播者必须严厉打击、严加惩处，为涉农信息的安全生产和传播提供一片清朗的蓝天。因此，健全和完善涉农信息传播的法律环境，为农民通过多种渠道及时、便捷地获取所需信息保驾护航。

三、从涉农信息传播方面解决农民信息不对称问题的对策措施

党的十八大报告首次明确提出"促进工业化、信息化、城镇化、农业现代化同步发展"，为加速现代信息技术与农业产业融合、实现农业产业升级和农业现代化，促进农业农村信息化助力农村经济发展，加快城乡一体化发展指明了方向。2008年的中央一号文件提出"按照求实效、重服务、广覆盖、多模式的要求，整合资源、共建平台，健全农村信息服务体系"，此后的5个中央一号文件在信息资源共享、网络基础设施建设、信息技术应用、信息服务平台建设、信息进村入户等方面做了相应论述。2016年中央一号文件，以贯彻党的十八大和十八届三中、四中、五中全会精神为指导，本着坚持农民主体地位、增进农民福祉作为农村工作的出发点和落脚点的理念，提出"大力推进'互联网+'现代农业"，"加快实现行政村宽带全覆盖"及"在农村建设基层综合性文化服务中心，整合文化信息资源共享"等方面发展农业农村信息化的明确指向。这些政策为从涉农信息传播方面解决我国农民信息不对称问题指明了方向、提供了政策支持。根据农民信息不对称问题在信息供给方面的原因分析及涉农信息传播中存在的主要问题，分别从农村宽带基础设施建设、市场信息公开、涉农信息获取渠道、健全涉农信息传播的反馈机制和法律法规等方面，提出解决我国农民

信息不对称问题的对策措施。

1. 加快农村宽带信息基础设施建设，提高农村互联网的普及率和利用率

伴随全面信息化社会的到来，作为云计算、物联网等新一代信息技术及信息产业发展支撑的最重要的基础设施——宽带，正推动着新一轮信息化浪潮的到来，由于其对经济、科技及产业发展带来的巨大推动作用和提升作用，越来越受到我国及世界其他国家的关注和重视。为促进我国宽带网络的发展，2013 年 8 月国务院发布了《"宽带中国"战略及实施方案》，把"宽带战略"上升为国家战略，把"宽带网络"定位为国家经济社会发展的"战略性公共基础设施"。① 农村宽带建设是"宽带中国"战略的一个重要组成部分，加快和推进农村宽带网络建设，对"宽带中国"战略的实施以及促进农村信息消费、推动生产方式的转变、实现农业农村信息化和促进农业现代化的发展有着重要的现实意义。

农村宽带网络作为农业农村信息化发展的最重要的信息基础设施，支撑着农业云计算、农业物联网、农业移动互联网等现代农业信息技术及其产业的发展，能使农民的生产方式、生活方式和农村社会发展产生根本性的变化，宽带网络作为涉农信息传播的主要载体，也带来了涉农信息传播方式的改变，其传播速度快、广覆盖、超越时空、交互性等特点使涉农信息的获取、传播更加便捷，可以极大地促进涉农信息的有效传播、为农民及时获取所需信息降低信息不对称程度提供了物质条件。因此，加快农村宽带网络建设，提

---

① 《"宽带中国"战略及实施方案》，2013 年 8 月 17 日，见 http://www.gov.cn/zwgk/2013-08/17/content_ 2468348. htm。

高农村互联网的普及率和利用率，是全面进入信息化社会的发展要求，也是提高涉农信息传播效果和解决农民信息不对称问题的必然选择。针对当前农村宽带发展不平衡且滞后于城市，多数农民用不上、用不起的现状，加快农村宽带网络建设解决农民信息不对称问题应采取以下主要措施。

（1）加大政府对农村宽带网络建设的资金投入和政策支持

作为"宽带中国"战略的重要组成部分，农村宽带网络建设日益受到国家的重视。加快农村宽带网络建设，有利于缩小城乡"信息鸿沟"，加快农业农村信息化和农业现代化，促进城乡一体化发展和建设网络强国。宽带网络是新时期的公共基础设施，公共基础设施具有的公益性、垄断性、收费性等特点以及农村经济发展相对落后、农村宽带网络建设需要巨额投资的现实，决定了政府在农村宽带网络建设中的主导地位。市场经济环境下，社会资本进入农村宽带市场会考虑到投资回报问题，在投资回报不明确的情况下，社会资本进入的可能性就低，因此政府应该加大公共财政在农村宽带建设中的投资力度，同时推出相关的优惠政策，促进社会资本的积极参与，推动农村宽带网络建设。

（2）因地制宜推进农村宽带网络建设的协调发展

中国传统的二元结构造成了农村发展长期落后于城市，加之市场配置资源总是优先配置在回报率高的部门或地区，由此导致在宽带网络等信息基础设施建设方面存在较大的地区差距，整体上表现为东部地区发展快于中西部地区、城市发展快于农村。此外，由于农村区域经济发展的不平衡性，经济发展较快的农村地区快于经济落后的农村地区。在农村宽带网络建设中，为缩小城乡差距和区域差距，推进城乡一体化，应该根据各地的实际情况和发展潜能进行宽带网络建设与规划。相对于城市的宽带网络发展快于农村，政府应该加强对农村宽带建设的重视程度和投资力度，将宽带纳入电信普遍服务范围，在政策和资金上给予一定的倾斜和支持；对于农村宽带建设而言，要根据农村的地理分布状况和经济发展程度，有计划、分批次地实施宽带由乡镇向村落的延伸和升级改造，其中对于发展较快、人口比较密集的农村地区，要推动光纤网络的延伸或加快原有网络信息基础设施的改造升级；对于发展较慢、人口较密集的农村地区，要解决宽带到行政村；对于发展较慢、人口相对较少且居住又比较分散的偏远农村地区，要因地制宜、具体问题具体分析实现宽带覆盖，提高农村宽带普及率，为解决涉农信息传播"最后一公里"问题及农民信息不对称问题提供宽带网络基础设施保障。

（3）降低农村宽带网络资费，提高农村宽带利用率

为建设"高速畅通、覆盖城乡、质优价廉、服务便捷的宽带网络基础设施和服务体系"，2015 年 5 月，国务院办公厅印发了《关于加快高速宽带网络建设推进网络提速降费的指导意见》，在农村地区落实电信普遍服务补偿机制。从长远看，农村宽带建设的"钱景"决定了其前景。市场经济条件下，农村宽带网络建设的高投资，带来了农村宽带利用的高成本、高资费，影响着农村宽带的利用率。宽带速度的提高，意味着消费者支出的增加，加之农民收入水平相对较低，就会出现农民用不上、用不起宽带，必然导致农村宽带利用率的降低。因此，采取多种措施，鼓励电信企业提速降费、承担社会责任；有序开放电信市场，增加市场竞争力，降低宽带资费；加强宽带资费和接入服务监管，维护宽带市场竞争秩序；推进信息惠民工程，建立涉农信息服务平台等降低宽带资费，促进

农村宽带利用率。① 此外，加快低成本智能信息终端的研发、推广和普及，也有利于提高农村宽带利用率。

2. 发挥政府职能，促进市场信息公开

市场经济环境下，农民不仅是农产品的生产主体，也是农产品的经营主体，农民对农产品市场信息的掌握程度关系到其农业生产经营的成效大小。农民对市场信息的掌握在很大程度上取决于农民对市场信息的认知、获取和运用能力。由于农民的信息意识和信息能力整体上偏低，缺乏对市场信息的认知和掌握，不能及时应对市场变化，就会出现"丰产不丰收"。近年来，不断出现的鲜活农产品卖难滞销、市场"同步振荡"现象，在凸显市场信息对农业生产经营日益重要的同时，也凸显了农民对市场信息的漠然、无知与缺乏所带来的市场信息不对称问题。

当前，在我国农业散户众多、生产分散的情况下，单个农户力量单薄，难以抵御市场风险，政府应该承担起全面市场信息公开的职能。面对市场风险，一方面，各级政府应向农民提供市场相关信息并及时更新，保证信息的完整性，让农民了解整个市场情况，以此为根据进行决策。为此，各级政府部门要明确职责，通过强化农业信息化市场服务，对农民进行必要的引导；加强基层政府网站和信息平台建设和监督，消除"僵尸网站"，保证政务信息的及时公开、政府与民众之间信息的及时沟通，为民众提供实用服务；加强基层信息工作人员和服务人员技能培养，提高其信息素质，使之能采用先进的信息服务手段对市场信息进行挖掘和利用，为农民提供高效的涉农信息服务，满足农民的涉农信息需求。另一方面，要发

---

① 《国务院关于加快高速宽带网络建设推进网络提速降费的指导意见》，2015 年 5 月 20 日，见 http://www.gov.cn/zhengce/content/2015-05/20/content_9789.htm。

挥政府的组织引导职能，需要政府通过组织化的形式增强农民抵御风险的能力，减少市场信息不对称。例如，在基层政府的指导、支持或引导下，农户可以通过土地入股或资金入股等方式组建合作社，合作社可以和龙头企业联合，可以采用"合作社+基地+农户、龙头企业+合作社+农户+基地、龙头企业+基地+农户、村委会+合作社+农户+基地"等模式，[①] 实现由分散生产经营到集约化、规模化、市场化的转变，减少市场风险。

3. 加快"互联网+"涉农信息传播的发展和应用，提高农民的互联网利用能力

（1）"互联网+"涉农信息传播是信息时代涉农信息传播发展的必然选择

"互联网+"是创新2.0[②]下互联网发展的新形态、新业态，即互联网的创新形态以及由其所催生的社会发展的新经济形态。它是以互联网信息技术为依托，实现互联网与传统产业的深度融合，实现传统产业的换代升级，创造社会发展的新生态。"互联网+"涉农信息传播就是利用互联网平台和信息通信技术，让互联网与涉农信息传播联合和深入融合，实现涉农信息的有效传播，也就是通过涉农信息传播的互联网化实现涉农信息传播的升级。"互联网+"用于涉农信息传播领域，有利于人们更方便、快捷地传播和共享涉农信息，有利于最大限度地降低信息不对称问题，有利于涉农信息的快速获取、理解和利用，提高涉农信息的传播效果。

目前，我国"互联网+"还处于初级阶段，但是新一代信息技

---

① 钟美兰：《小农户怎样沾大市场的光？》，《四川日报》2014年1月16日。
② 创新2.0（Innovation 2.0），简言之就是创新1.0的升级，1.0是指工业时代的创新形态，2.0则是指信息时代、知识社会的创新形态。创新2.0即面向信息时代、知识社会的创新形态。

术及其产业以及宽带网络建设的快速发展，将大大促进"互联网+"在农业领域的快速发展。农村宽带网络的升级改造、提速降费、广覆盖等信息基础设施建设，为"互联网+"涉农信息传播提升了信息基础设施方面的支撑能力；农业云计算和云存储、农业物联网、农业大数据、农业移动互联网等农业信息技术及其产业的发展，为"互联网+"涉农信息传播提升了信息技术及其产业方面的支撑能力；2015 年 7 月国务院印发布了《国务院关于积极推进"互联网+"行动的指导意见》，按照其要求，为了加强和推进互联网与农业各领域的有效融合，发挥互联网的优化作用，农业部、国家发展和改革委员会、中央网络安全和信息化领导小组办公室、科学技术部、商务部、国家质量监督检验检疫总局、国家食品药品监督管理总局、国家林业局等八部委于 2016 年 4 月联合印发了《"互联网+"现代农业三年行动实施方案》，① 这为"互联网+"涉农信息传播的发展提供了政策支撑。因此，随着"互联网+"发展环境的不断优化，"互联网+"在社会各个领域的全面渗透、深入融合、快速发展，"互联网+"涉农信息传播将成为涉农信息高效传播的有效途径，成为社会发展的必然趋势。

（2）加强各类涉农信息网络服务平台建设

"互联网+"通过信息技术，不受时空限制，能够随时随地实现互联互通，可以极大地促进各类涉农信息、资源和农业生产经营各个环节的有效连接，可以在很大程度上缓解农业生产经营中的信息不对称问题。在农业生产方面，"互联网+"可以渗透到农业生产的各个环节，实现各环节的信息感知、自动控制、智慧决策和精

---

① 《"互联网+"现代农业三年行动实施方案》，《中华人民共和国农业部公报》2016 年第 6 期。

准管理;在农产品供求方面,"互联网+"可以有效实现市场对接,解决由于信息不畅导致的农产品滞销问题;在涉农信息传播和利用方面,"互联网+"行动计划有利于促进农村信息服务设施建设,解决涉农信息传播的"最后一公里"问题,促进各种涉农信息在农村的全方位渗透,指导农民的生产生活。

因此,加强农业物联网测控体系、农产品电子商务平台、质量追溯平台、农村公共服务平台等各类涉农信息网络服务平台建设,[①] 可以极大地促进各类涉农信息的交流与传播。

(3)加强农民手机、计算机知识和应用技能培训

网络环境下,手机和计算机是人们常用的信息终端。随着信息技术及其产业的快速发展和农民收入的增加,农民家庭的手机和计算机拥有量整体上呈增加趋势。根据2011—2016年《中国统计年鉴》,2010年到2015年中国农民家庭的人均收入、手机和计算机的拥有量情况见表7-6所示。由表7-6可知,农民家庭人均收入由2010年的5919.0元增加到2015年的11421.7元,手机由136.5部/百户增加到226.1部/百户,计算机由10.4台/百户增加到25.7台/百户,这为农民利用互联网进行涉农信息的获取、传递提供了物质条件。

表7-6 2010—2015年农村居民家庭人均收入及手机、计算机拥有量情况

年 份	2010	2011	2012	2013	2014	2015
人均收入(元)	5919.0	6977.3	7916.6	9429.6	10488.9	11421.7
手机(部/百户)	136.5	179.7	197.8	199.5	215.0	226.1
计算机(台/百户)	10.4	18.0	21.4	20.0	23.5	25.7

---

① 《"互联网+"现代农业三年行动实施方案》,《中华人民共和国农业部公报》2016年第6期。

利用互联网获取、传递涉农信息需要拥有相关的信息知识和具备相应的信息技能。通过调查可知，农民整体的受教育程度和文化水平偏低，信息意识和信息能力欠缺，利用手机、计算机等终端通过互联网渠道获取、传递涉农信息的比例并未随着其拥有量的增加而增加。本书在农民获取信息状况的调查中，关于"您认为农民不能及时获取信息的主要因素是什么？"调查项（见表5-3），在5个选择项中，选择"农村信息员缺乏"的占57.31%，选择"农民缺乏信息意识"的占56.61%，选择"不会用电脑、网络"的占46.57%，选择"领导不重视"的占36.28%，选择"资金不足"的占31.45%，其中"不会用电脑、网络"排在了第三位，成为制约农民及时获取信息的主要因素之一；关于"您怎么处置所获得的信息？"调查项（见表4-2），在5个选择项中，选择"记在纸上"的占51.40%，选择"记在脑里"的占40.47%，选择"存手机里"的占11.44%，选择"存电脑里"的占4.45%，选择"其他"的占1.46%，其中，选择利用手机和电脑的比例比较低，分别排在第三、第四位。此外，根据中国互联网络信息中心发布的第38次《中国互联网络发展状况统计报告》，截至2016年6月，CNNIC关于"农村非网民不上网原因"调查显示，主要原因是"不懂电脑/网络"的比例为68.0%，居于首位。[1] 由此可知，农民缺乏利用手机、电脑及网络获取信息的相关知识和能力。本书关于"您最想参加哪项技术培训？"调查项，在4个选项中，选择"种植技术"的占40.47%，选择"计算机网络技术"的占27.64%，选择"养殖技术"的占21.86%，选择"其他"的占7.50%，其

---

[1]　中国互联网络信息中心：《第38次中国互联网络发展状况统计报告》，2016年8月3日，见 http://www.cnnic.net.cn/hlwfzyj/hlwxzbg/hlwtjbg/201608/t20160803_54392.htm。

中，想参加"计算机网络技术"培训的排在第二位，说明农民已经意识到了网络的重要性和自身网络应用技能的缺乏，因此加强农民手机、计算机知识和应用技能培训，既能满足农民的需求，提高其信息利用能力；又能提高互联网在涉农信息传播中的利用率，促进涉农信息的有效传播。

"互联网+"涉农信息传播为农民利用互联网快速、及时、精准获取和传递涉农信息提供了网络基础，农民家庭手机、计算机拥有量的不断增加为农民利用互联网获取、传播信息提供了信息终端设备，提高农民手机、计算机知识和应用技能为农民利用互联网获取、传播信息提供必备条件和应用能力保障。信息技术和信息产业的快速发展，加速了手机、计算机的更新换代以及价格的降低和功能的增加，智能化程度越来越高。智能手机操作便捷、功能强大，可以为用户提供足够的带宽，是一个集通话、短信、无线接入、PDA 功能等于一体的综合性信息终端设备。电脑有台式机、一体机、笔记本电脑、掌上电脑和平板电脑等种类，新电脑与传统电脑相比，除了外观设计、硬件性能等常规方面的提升，也带来了体验上和功能上的更新，如人机互动、语音精准识别及语音搜索、易用性和安全性更高等。因此，加强农民手机、计算机知识和应用技能培训，提高农民互联网应用能力，是农民利用网络及时获取、传播涉农信息的必然要求，也是从农民自身着手解决信息不对称问题的一剂良方。

2015 年 10 月农业部印发了《农业部关于开展农民手机应用技能培训提升信息化能力的通知》，坚持"多渠道、广覆盖，需求导向、精准服务，政府引导、市场主体"的基本原则，在完善农民应用信息技术的基础设施及普遍推广云计算、物联网等新信息技术在农业生产经营、管理、服务等方面的手机应用模式基础之上，通过手机使用及上网基础知识普及培训、手机使用技能竞赛、便利农民生产生活的信息化手段的实用技术培训等培训活动，动员和调动现有的农民教育培训体系、各级政府的农业培训项目、基层农业服务平台和服务体系、相关企业及现代信息手段各类资源的积极参与，提高农民利用手机和计算机供给信息、传输信息和获取信息的能力，如可以提供、获取生产信息和市场信息、智能生产、远程管理、网络营销、在线支付等能力以及如何防止网络欺诈的能力。[①]由此，农民互联网利用能力将会得到全面提升，农民信息不对称问题也将得到有效解决。

4. 建立健全涉农信息传播的反馈机制，提高涉农信息传播效果

涉农信息反馈是涉农信息传播过程中的一个关键环节，影响和制约着涉农信息的有效传播及传播目的能否实现。良好的信息反馈，可以对信息传播和再传播的内容、方式、手段等方面进行适时调整和优化，有利于提高传播信息和用户信息需求的一致性，有利于促进信息用户对传播信息的接受能力和理解能力，并由此带来信息用户心理上和认知上的改变，进而产生一定的信息行为和社会影响，使传播目的得以实现，传播效果得以提高，农民的信息需求得以满足。当前涉农信息反馈过程中存在的农民反馈意识缺乏、反馈渠道有限、反馈机制不健全等问题，制约着涉农信息的有效传播和传播目标的实现，建立有效的涉农信息传播和反馈机制是涉农信息传播的一项重要任务，也是提高涉农信息传播效果、解决我国农民

---

① 《农业部关于开展农民手机应用技能培训提升信息化能力的通知》，《中华人民共和国农业部公报》2015 年第 11 期。

信息不对称问题的一条有效措施。

（1）加大对涉农信息反馈的重视程度和宣传力度，提高农民的信息反馈意识和反馈能力

农民整体上偏低的信息素质和文化素质决定了其信息意识和信息能力的欠缺，也带来了其信息反馈意识和反馈行为的缺乏；加之传统的"官本位""唯上是从"思想意识的影响以及"自上而下"为主的涉农信息传播模式，强化并放大了农民在涉农信息传播中的被动性，忽视了农民在涉农信息反馈中的主体地位和主体性，更加剧了农民信息反馈意识和反馈行为的缺乏，致使涉农信息传播达不到预期目的和效果。为此，加大对涉农信息反馈的重视程度和宣传力度，建立良好的信息反馈环境，促进农民对涉农信息反馈重要性的认知，要注意从以下方面着手：

第一，加大政府对涉农信息反馈的重视程度。涉农信息供给的目的就是要满足农民的信息需求。涉农信息传播作为涉农信息供给的一个重要环节，对涉农信息供给和农民信息需求的满足具有重要作用。有效的涉农信息传播，有利于涉农信息的有效供给和农民信息需求满足程度的提高。信息反馈作为涉农信息传播的重要环节，影响和制约着涉农信息的有效传播，进而影响和制约着涉农信息的有效供给和农民信息需求的满足程度。从涉农信息的有效供给出发，政府和有关部门要加大对涉农信息传播过程中信息反馈工作的关注和重视，要设立专门的信息反馈部门，明确职责，在布置涉农信息传播工作时，就要做好信息反馈工作计划安排，提高涉农信息的传播效率和供给的有效性。此外，还要积极引导社会力量的关注和重视，积极拓宽农民的信息反馈渠道，努力做好涉农信息传播工作。

第二，加强对农民进行涉农信息反馈的宣传和引导。农民是涉农信息反馈的主体，其信息反馈意识和反馈活动的缺乏，降低了涉农信息传播的有效性。因此，要采取多种途径对农民进行信息教育和信息实践，提高其信息意识和信息能力；同时还要大力宣传涉农传播过程中农民信息反馈的重要性，让农民了解其信息反馈对涉农信息传播效果及其信息需求满足所致后果的影响，提高农民的信息反馈意识；通过信息技能培训、专家或技术人员讲座、现场观摩和指导等形式，激发农民的兴趣、欲望和主动性，积极引导农民选择适合的方式和途径表达自己的看法、意见和见解，逐步提高其信息反馈能力，以提高涉农信息传播的有效性。

（2）树立"以农民为本"的涉农信息传播理念，拓宽农民的信息反馈渠道

涉农信息供给是为了满足农民的信息需求，以促进农业发展、农村进步和农民生活的改善。农民是涉农信息最主要的使用者和受益者，是涉农信息传播的接收主体和信息反馈主体，农民接收和利用涉农信息是为了满足自身信息需求，降低生产经营中的不确定性，以实现农业增产增效和生活改善。"以农民为本"的涉农信息传播理念，既体现出农民是涉农信息传播之受众而具有被动性的一面，又体现出农民是涉农信息传播之主体而具有主动性的一面，表明涉农信息传播是传者和受者之间从传递到反馈的双向信息流动过程。树立"以农民为本"的涉农信息传播理念，要求在涉农信息传播中从传播的内容选定和语言的表述、传播的方式和渠道以及传播模式的选择、信息反馈途径等方面都应该从农民的实际情况出发，因农民而异，为农传播，增强传播的针对性，提高传播的有效性，全心全意为农民做好信息服务。例如：自 2009 年，中国农业

大学通过科研人员和农户互助模式——"科技小院",让中国农民增产增效,这是国际上关于大面积推动小农户增产增效的典型成功案例。其中,在农业科技传播方面,针对绝大部分农户受教育程度低、对技术理解不够、接受能力差、小规模的分散经营模式限制着农业科技的大面积使用,"科技小院"通过建立"提升农户兴趣——强化信息传播——建立农户信任——实时决策咨询"的新的技术扩散模式,解决了"传统技术扩散中农户不感兴趣、看不到、看不懂、记不住、不能用的瓶颈"。①

拓宽农民的信息反馈渠道,需要加强"自下而上"的涉农信息传播模式。涉农信息具有准公共物品的特性,决定了以政府为主导的"自上而下"信息传播模式的主导地位,农民作为涉农信息的接收者,往往被动地接收以政府为代表的传播者所下达的各种信息,弱化了农民的主体意识和农民的话语权,使农民缺乏正当需求的表达意识和表达渠道,这种传播模式往往达不到预期的传播效果。"自下而上"的涉农信息传播模式主张信息传者和受者之间的平等、互动,在这种传播模式下,农民是涉农信息的主动传播者,而不是作为涉农信息的被动接收者。"自下而上"的涉农信息传播就是农民或以农民为主体的组织,把同自身需要、权利、利益和发展等密切相关的信息(如生产经营、农产品、乡土知识和文化等信息),通过一定的媒介或渠道,向外部个体、传播媒介、相关政府部门或机构、相关信息服务组织或涉农企业组织发布和传递的过程。② 其中,农民和代表农民利益的组织既要做好"下情上传",

---

① 张蕾:《"科技小院"让农民增产增收》,《光明日报》2016年9月9日。

② 谭英:《新农村"自下而上"信息传播范式研究》,中国农业大学出版社2010年版,第2页。

又要做好"上情下达"，即在承担向外界传播自身相关信息任务的同时，也担负着把从各级政府部门、信息服务组织、市场、传播媒介和科研机构等方面获取的有利于当地农民的信息，通过一定的方式和渠道（如网络、大众传播、人际传播等）传递给农民，传播方式和渠道要根据当地农民的特点和实际情况灵活选择，便于沟通和理解。谭英（2010）在《新农村"自下而上"信息传播范式研究》一书中，基于"立足把农民放在首位"的传播理念，分别考察了以村委会、涉农龙头企业、农民专业合作社、农民经纪人为传播主体的"自下而上"乡村信息传播模式，表明这些模式促进了农民在涉农信息传播中主体地位的发挥，有利于实现良好的信息传播和反馈，同时也指出这些模式的良性运行离不开政府、企业、媒体等社会各界力量的大力扶持、引导和支持。

（3）建立健全涉农信息传播中的信息反馈机制

涉农信息的传播过程是一个包括发送、传递、接收及信息反馈等环节的信息传递过程。在实际的涉农信息传播中，信息反馈环节往往不被重视、甚至被忽略掉，即涉农信息传播者借助于一定的传播媒介，通过一定的传播渠道，把信息传递给信息用户就算完成传播任务的这样一个不完整的、单线的传播过程，至于信息用户能否接受及接受程度如何、能否利用及利用效果如何、在利用过程中发现的问题应该通过什么渠道向谁反映等问题往往不被考虑或被排除在信息传播之外。[①] 这种缺少反馈环节的不完整传播很难达到预期传播效果、实现预期传播目的。建立健全涉农信息传播反馈机制，提高传播效果，应采取以下主要措施：

---

① 杨夏：《科技传播学视角下江西省农业科技服务的发展探究》，江西农业大学政治学院 2013 年硕士学位论文，第 36 页。

第一，建立健全信息反馈制度，为涉农信息传播中农民的信息反馈提供制度保障。首先，建立信息反馈激励机制，例如通过制定一定的奖励制度，调动和激发农民信息反馈的积极性、主动性，使农民将反馈信息传达到反馈部门或机构。其次，要建立信息反馈的收集机制，要求涉农信息服务人员或传播人员，在提供信息服务的同时，主动向农民询问或征求他们对所获信息的期望值和满意度，从而获取反馈信息。再次，要建立和农民的联系制度，通过定期举办或组织一定形式的活动，加强与农民的定期联系和沟通，为农民能够反馈信息和信息服务人员收集反馈信息提供一定的条件、机会和场合。

第二，加强涉农信息人员对信息反馈的认知和责任意识。由于受传统思想和不完善管理制度的影响，基层信息传播人员（包括农村信息服务站点工作人员和农村信息员）的责任意识有所欠缺，只看到了自己作为传者传播信息的一面，忽视了自己作为受者接收反馈信息的一面，由此也就忽视了农民的信息反馈环节，认为只要把信息传递给农民就完成了工作任务，欠缺对信息传播效果的考虑和考察，致使传播效率不高，达不到预期传播效果。因此，在对农传播过程中，加强基层信息服务人员的技能培训，提高其信息素质、信息反馈意识、信息反馈能力和责任意识，在向农民传播涉农信息的同时，也有责任考察农民对信息的接受和利用情况，积极收集农民的建议和意见，以便于涉农信息的有效传播和供给，更好地满足农民信息需求。

第三，借助媒介建立多层次的与农民互动沟通平台。农民信息需求的多样性决定了涉农信息种类的多样性。不同种类的信息对传播有不同的要求，例如政策类信息要求解释到位，科学技术类信息讲究解释透彻，市场类信息注重及时准确，文化类信息侧重潜移默化、耳濡目染……对于涉农信息传播而言，不同的媒介有其各自不同的特点，例如电视传播的信息生动具体形象，广播传播的信息覆盖范围广，网络传播的信息可以进行及时互动……根据不同媒介的传播特点和不同信息种类的特点，可以通过媒介的互动报道反映农民的信息需求，也可以通过媒介搭建农民与政府、农民与农技人员、农民和企业之间的互动交流平台，如农民可以把不理解、不清楚的政策问题、技术问题、供需问题等有待解疑的问题通过来电、来信、电子邮件等形式反映给媒介，媒介作为联系纽带再邀请相关专家、学者或科技人员对之进行解答，或在其网站建立"专家答疑""网上论坛"等交流平台，在与农民的互动交流过程中，了解和收集农民的反馈信息，提高涉农信息传播的针对性和有效性。[①]

第四，建立健全信息反馈机制，除了需要政府的大力支持以外，还需要加强政府监督和管理，以保证信息反馈的有序运行。

5. 建立健全涉农信息网络传播的相关法律法规，为涉农信息传播提供健康的网络环境

伴随社会信息化水平的不断提高，网络传播已经成为人们及时、快速传播信息的主要渠道之一。论坛/BBS、博客、微博、微信等自媒体的迅速发展，使普通大众成为信息传播主体，人们的话语权得到了伸张，并带来了传播主体的平民化、多元化、普泛化，同时使传播没有了时空限制，信息传播速度更快、时效性和交互性更强。与传统传播方式相比，Web2.0 下网络传播的"零门槛"、低成本等

---

① 董晓婷：《论媒介"三农"报道中的有效信息传播》，南京师范大学新闻与传播学院2007 年硕士学位论文，第 54—57 页。

优势使任何网络用户都能够成为信息的传播者，但对传播的信息不能进行有效的把关、筛选、监管，导致信息良莠不齐，可信度降低。

不良的、虚假的、欺骗性的涉农信息的网络传播，不仅带来用户和人们的心理恐惧、精神伤害和社会恐慌，还可能对生产者的生产经营带来破坏，造成重大的经济损失。例如，2016年正值葡萄成熟季节，在网上、微博和微信朋友圈里大量传播的一个视频，让不少想买葡萄的人们"望葡萄却步"。视频里，一个果农模样的中年男子边搬运葡萄边和拍摄者对话，称无籽葡萄都是"蘸了避孕药"才变成无籽的，"不敢给孩子吃"，"吃了肯定有影响"。随着该视频的转发、传播，多地的无籽葡萄销售受到影响，即使无籽葡萄的价格大幅降低也卖不出去，不少葡萄烂掉，果农收入锐减。葡萄种植专家对无核葡萄种植进行了科学解释：一种是葡萄本身的品种就是无核的，不需人为处理；另一种是有核葡萄无核化栽培，即在葡萄盛花期及幼嫩果穗形成期，利用一定浓度的赤霉素等植物激素对之进行处理、栽培而成。[①] 不知真相的人们被这一谣言蒙蔽，而该谣言的网络传播也使大批葡萄农遭受"无妄之灾"。类似的谣言，诸如"圣女果（小番茄）是转基因蔬菜，有致癌风险"、市面上"打针西瓜"使"西瓜瓜瓤呈红色，偶有白色带状物，汁液很丰富，但没有一点西瓜味"。这些谣言的传播都会给生产经营者造成一定的经济损失。

互联网时代，网民在通过网络行使自己言论自由权的同时，必须遵守一定的道德规范和法律规范，不得危害社会公共秩序、侵害社会公共利益和他人的合法权益。因此，在涉农信息传播过程中，

---

① 蒋建科、史自强、胡安琪：《"无籽葡萄抹避孕药"纯属无稽之谈》，《人民日报》2016年9月13日。

要大力加强社会公德宣传教育和网络文明建设，倡导《文明上网自律公约》，"引导网络机构和广大网民增强网络道德意识，共同建设网络文明。"① 同时还要进一步从网络传播的主体、客体、行为、责任和管理等方面，建立健全网络传播法及相关法律法规，为涉农信息的传播提供制度保障和健康的网络法治环境。

---

① 《公民道德建设实施纲要》，2001 年 10 月 24 日，见 http：//www.people.com.cn/GB/shizheng/16/20011024/589496.html。

附　录

农民信息需求调查问卷

尊敬的农民朋友：

您好！为了解当前我国农民的信息需求状况，探究解决农民信息不对称问题的有效措施，给相关部门决策提供参考，我们制作了这份调查问卷，衷心希望得到您的配合，如实进行问卷的填写。该问卷只有最终的统计结果作为调查报告的参考数据，问卷本身不作任何他用，请放心作答！衷心感谢您的大力支持！谢谢！

填表说明：

（1）本表共4页，调查对象是16—65岁有劳动能力的从事农业生产的常住农村居民。

（2）请在各题的"□"内打√，在"＿＿"上填写相应数字或文字内容；若没有，可不做。

调查员姓名：＿＿＿＿＿＿＿调查时间：＿＿年＿＿月 ＿＿日

调查地点：＿＿＿＿省＿＿＿＿市＿＿＿＿县＿＿＿＿＿＿＿乡（镇）

＿＿＿＿＿＿村

一、被调查者基本情况

1. 家庭所处的位置是：□城市　　□郊区　　　□平原

□山区

2. 性别：□男　　□女。　　　年龄＿＿＿＿周岁。您是否是户主？　□是　　□否

3. 文化程度：□不识字或识字不多　　□小学　　□初中
　　□高中、中专　　□大专及以上

4. 家庭情况：家庭共＿＿＿人，劳动力＿＿＿人；
农业劳动力＿＿＿人，年龄分别是：＿＿＿＿＿＿＿周岁，文化程度分别是：＿＿＿＿＿＿＿＿＿＿；外出务工＿＿＿＿＿人，年龄分别是：＿＿＿＿＿＿＿周岁，文化程度分别是：＿＿＿＿＿＿＿＿＿＿

5. 家庭经营耕地面积共＿＿＿＿＿＿亩，园地＿＿＿＿＿＿亩，林地＿＿＿＿＿亩，草场牧场＿＿＿＿＿＿亩，水面＿＿＿＿＿＿亩。

6. 您从事的职业：
□家庭承包种植　□大面积种植　□养殖　□党政机关任职　□外出打工　□其他＿＿＿＿＿＿

7. 家庭的主要收入来源：
□种植业　□养殖业　□外出务工　□经商　□其他（请注明）：＿＿＿＿＿＿＿＿＿＿
去年全家纯收入＿＿＿＿＿＿元。其中：种植收入＿＿＿＿＿＿元，养殖收入＿＿＿＿＿＿元，非农收入＿＿＿＿＿＿元。

8. 根据您家的实际情况填写：
固定电话有＿＿＿＿＿＿部；手机＿＿＿＿＿＿部；电视＿＿＿＿＿＿台；电脑（包括手提电脑）＿＿＿＿＿＿台，能否上网＿＿＿＿＿＿；订阅报纸＿＿＿＿＿＿份；订阅杂志＿＿＿＿＿＿份；收音机有＿＿＿＿＿＿台。

二、被调查者获取信息状况

1. 您经常获取信息的主要渠道/来源有什么？（最多选 3 个）

　　□广播　　□电视　　□电话　　□互联网

　　□培训/讲座　　□报纸杂志等　　□村干部

　　□农民组织　　□亲朋邻居　　□信息机构

　　□相关企业　　□政府部门　　□其他

2. 您在家获取信息的其他手段？

　　□通过集市信息宣传获取信息

　　□通过科技下乡获取信息

　　□通过乡镇和村的宣传报栏获取信息

　　□其他（请注明）：＿＿＿＿＿＿＿

3. 信息给您带来的经济效益如何？□很大　　□一般

　　□较小　　□没有

4. 您愿意花钱获取信息吗？□愿意　　□不愿意

5. 您在购买生产资料（化肥、农药、种子）时，如何获得信息？（最多选3个）

　　□单凭经验　　□由农技人员介绍

　　□通过手机上网、电脑网络查找

　　□听有经验人员建议　　　□其他（请注明）：＿＿＿＿＿

6. 您经常看什么电视节目？（最多选3个）

　　□央视农业节目　　□地方农业节目　　□新闻

　　□电视剧　　□其他

7. 您知道从哪儿获得关于病虫害的防治信息？（可多选）

　　□农业专家和农技人员

　　□相关书籍、杂志、手册等　　□农讯通、手机短信等

　　□互联网　　□其他

8. 您认为农民不能及时获取信息的主要因素是什么？（可选3个）

　　　　□资金不足　　　□农村信息员缺乏　　　□领导不重视

　　　　□农民缺乏信息意识

　　　　□不会用电脑、网络　　　□其他（请注明）：＿＿＿＿＿＿

9. 你通过哪种方式出售农产品？

　　　　□坐等贩子或经纪人上门　　　□自己到市场流动出售

　　　　□通过亲朋好友联系　　　□通过网络/媒体发布信息

　　　　□其他

10. 您怎么处置所获得的信息？

　　　　□记在脑子里　　　□记在纸上　　　□存手机里

　　　　□存电脑里　　　□其他＿＿＿＿＿

11. 出售农产品时，您如何获得有关价格信息？

　　　　□自己去市场了解　　　□听其他人介绍

　　　　□通过广播、电视、报刊等　　　□通过网络查询

　　　　□其他（请注明）：＿＿＿＿＿

12. 您如何确定家庭的生产经营决策？

　　　　□根据经验和专长　　　□咨询农业专家、技术人员

　　　　□向村里能人学习　　　□根据市场需求

　　　　□其他（请注明）：＿＿＿＿＿

13. 您在生产中遇到困难和问题时，首先怎么办？

　　　　□向农技人员咨询　　　□向科技示范户咨询

　　　　□凭经验解决　　　□网络查找

　　　　□其他（请注明）：＿＿＿＿＿

14. 您最需要哪些信息类别？（可多选，不超过三项）

　　　　□种植等农业科技　　　□职业技术培训

　　　　□农业政策法规　　　□市场价格　　　□农产品供求

□新品种　　□农业气象　　　□灾害疫情预报与防范技术

□农产品质量标准　　□财经金融　　□外出务工信息

□家庭生活信息（医疗保健、文化、娱乐）

□其他（请注明）：_____

15. 您认为最好的信息发布方式是什么？

□科技下乡（本地信息发布）　　　□黑板报形式

□农村广播　　□网络媒体

□其他（请注明）：_____

16. 您认为哪些信息的获取难度较大？

□种植等农业科技　　□职业技术培训

□农业政策法规　　□市场价格　　□农产品供求

□新品种　　□农业气象

□灾害、疫情预报与防范技术　　□农业新闻

□外出务工信息

□财经金融

□家庭生活信息（医疗保健、文化、娱乐）

□其他（请注明）：_____

17. 您对所获取的信息满意吗？

□满意　　□不满意

如不满意，原因是：□不真实　　□不及时

□数量不够　　□没有所需信息　　□其他_____

18. 您在互联网上进行过交易吗？

□没有尝试过　　□只是发布过信息　　□成功尝试过

□经常网上交易

19. 限制您不能及时获取信息的主要因素是什么？

□害怕虚假信息　　□经济条件　　□个人素质

□缺乏适合的信息　　□缺乏信息渠道

20. 假如采用的农业信息有风险，你会怎么办？

□向政府求助　　□听天由命　　□事先去保险公司投保

□其他（请注明）：＿＿＿＿＿＿

21. 您认为下列哪项有利于农民获取信息：□村中建立图书资料室、信息服务中心或类似设施

□相关部门定时发布农情及疫情资讯

□经常组织科技下乡，帮助农民解答疑难

□建立相关农业信息资讯网络系统

□其他（请注明）：＿＿＿＿＿＿

22. 您当前获取农业信息存在的主要问题有：

□获得途径少　　□信息提供不及时

□信息获取量少　　□信息实用性不高

□信息提供没有连续性　　□其他（请注明）：＿＿＿＿

23. 您认为目前迫切需要解决的问题是？

□大力加强信息内容分析加工

□农村信息化建设必须形成产业链

□推进信息化必须多方合力

□加强农村基层信息员的培养

□其他（请注明）：＿＿＿＿＿＿

24. 当前农村信息化有没有给您带来切身利益？

□有，很大　　□有，不大　　□没有

25. 您对当前农村信息化建设成果如何评价？

□很好　　□一般　　□很差　　□不清楚

26. 您认为农村信息化建设的主要障碍是什么？

    □资金不足　　□信息技术人才缺乏

    □领导不重视　　□农民缺乏信息意识

    □农民科技素质低　　其他（请注明）：_____

27. 您认为农村信息化建设应该在哪些方面努力？

    □硬件设施建设（包括通信建设，如宽带接入、信息处理设施）　□其他（请注明）：_____

    □软件设施建设（包括电子政务、供求信息平台的搭建、农业专业软件等）　□不了解

28. 您所在的村有信息服务站吗？

    □没有　　□有

    您需要信息服务时，由哪些 组织 或 机构 提供？请写出：_____

29. 您村有农民合作社或农业协会等组织吗？

    □没有　　□有

    如果有，您加入了吗？□加入　　□未加入

    如果加入请回答下列问题（否则，忽略该题）：

    （1）农民合作社或农业协会等组织给您提供哪些方面的帮助？（可多选）

    □举办技术培训　　□购买良种　　□销售农产品

    □资金融通　　□提供农资信息

    □统一组织病虫害防治服务　　□提供更可靠的生产资料

    （2）农民合作社或农业协会等组织服务状况怎么样？

    □良好　　□一般　　□较差

30. 您所在村/乡镇/县等部门组织农业技术等方面的学习、培

训吗？

□无　　□有

如果有，请回答下列问题（否则，忽略该题）：

（1）组织者是：□县　　□乡/镇　　□村　　□农协等
组织　　□龙头企业　　□其他

（2）每年学习、培训次数：□1 次　　□2 次　　□3 次
□4 次　　□5 次以上

（3）主讲人：□村干部　　□乡、村技术员　　□本地科
技大户带头人　　□专家、教授

31. 您最想参加哪项技术培训？

　　□种植技术　　□养殖技术　　□计算机网络技术
　　□其他

参 考 文 献

一、文件

胡锦涛:《坚定不移沿着中国特色社会主义道路前进　为全面建成小康社会而奋斗——在中国共产党第十八次全国代表大会上的报告》,人民出版社2012年版。

习近平:《决胜全面建成小康社会　夺取新时代中国特色社会主义伟大胜利——在中国共产党第十九次全国代表大会上的报告》,人民出版社2017年版。

《2004年中央一号文件（全文）》,2015年2月5日,见http：//www. farmer. com. cn/ywzt/wyhwj/yl/201502/t20150205_ 1011764. htm。

《2005年中央一号文件（全文）》,2015年2月5日,见http：//www. farmer. com. cn/ywzt/wyhwj/yl/201502/t20150205_ 1011764. htm。

《2006年中央一号文件（全文）》,2015年2月5日,见http：//www. farmer. com. cn/ywzt/wyhwj/yl/201502/t20150205_ 1011764. htm。

《2007年中央一号文件（全文）》,2015年2月5日,见http：//www. farmer. com. cn/ywzt/wyhwj/yl/201502/t20150205_ 1011764. htm。

《2008年中央一号文件（全文）》,2015年2月5日,见http：//www. farmer. com. cn/ywzt/wyhwj/yl/201502/t20150205_ 1011764. htm。

《2009年中央一号文件（全文）》,2015年2月5日,见http：//www. farmer. com. cn/ywzt/wyhwj/yl/201502/t20150205_ 1011764. htm。

《2010年中央一号文件（全文）》,2015年2月5日,见http：//www.

farmer. com. cn/ywzt/wyhwj/yl/201502/t20150205_ 1011764. htm。

《2011 年中央一号文件（全文）》，2015 年 2 月 5 日，见 http：//www. farmer. com. cn/ywzt/wyhwj/yl/201502/t20150205_ 1011764. htm。

《2012 年中央一号文件（全文）》，2015 年 2 月 5 日，见 http：//www. farmer. com. cn/ywzt/wyhwj/yl/201502/t20150205_ 1011764. htm。

《2013 年中央一号文件（全文）》，2015 年 2 月 5 日，见 http：//www. farmer. com. cn/ywzt/wyhwj/yl/201502/t20150205_ 1011764. htm。

《2014 年中央一号文件（全文）》，2015 年 2 月 5 日，见 http：//www. farmer. com. cn/ywzt/wyhwj/yl/201502/t20150205_ 1011764. htm。

《2015 年中央一号文件（全文）》，2015 年 2 月 5 日，见 http：//www. farmer. com. cn/ywzt/wyhwj/yl/201502/t20150205_ 1011764. htm。

《2016 年中央一号文件（全文）》，2016 年 1 月 27 日，见 http：//news. china. com/domestic/945/20160127/21322182. html。

《公民道德建设实施纲要》，2001 年 10 月 24 日，见 http：//www. people. com. cn/GB/shizheng/16/20011024/589496. html。

《国务院关于深化农村义务教育经费保障机制改革的通知》，2006 年 2 月 7 日，见 http：//www. gov. cn/zwgk/2006-02/07/content_ 181267. htm。

《国家基本公共服务体系“十二五”规划》，2012 年 7 月 20 日，见 http：//www. gov. cn/zwgk/2012-07/20/content_ 2187242. htm。

《“宽带中国”战略及实施方案》，2013 年 8 月 17 日，见 http：//www. gov. cn/zwgk/2013-08/17/content_ 2468348. htm。

《国务院关于进一步推进户籍制度改革的意见》，2014 年 7 月 30 日，见 http：//www. gov. cn/xinwen/2014-07/30/content_ 2726848. htm。

《国务院关于加快高速宽带网络建设推进网络提速降费的指导意见》，2015 年 5 月 20 日，见 http：//www. gov. cn/zhengce/content/2015 - 05/20/content_ 9789. htm。

《促进大数据发展行动纲要》，2015 年 9 月 5 日，见 http：//www. gov.

cn/zhengce/content/2015-09/05/content_ 10137. htm。

《全国农业农村信息化发展"十二五"规划》，2011 年 11 月 25 日，见 ht-tp：//www. moa. gov. cn/sjzz/scs/tzgg/201111/t20111125_ 2417515. htm。

《农业物联网区域试验工程工作方案》，2013 年 5 月 6 日，见 http：//www. moa. gov. cn/govpublic/SCYJJXXS/201305/t20130506_ 3451467. htm。

《农业部关于开展农民手机应用技能培训提升信息化能力的通知》，《中华人民共和国农业部公报》2015 年第 11 期。

《农业部关于推进农业农村大数据发展的实施意见》，《中华人民共和国农业部公报》2016 年第 1 期。

《"互联网+"现代农业三年行动实施方案》，《中华人民共和国农业部公报》2016 年第 6 期。

《中共中央关于制定国民经济和社会发展第十个五年规划的建议》，2000 年 10 月 19 日，见 http：//www. people. com. cn/GB/paper39/1716/277521. html。

《中共中央关于制定国民经济和社会发展第十一个五年规划的建议》，2005 年 10 月 19 日，见 http：//theory. people. com. cn/GB/40746/3781965. html。

《中共中央关于制定国民经济和社会发展第十二个五年规划的建议》，2010 年 10 月 28 日，见 http：//cpc. people. com. cn/GB/64093/64094/13066322. html。

二、统计年鉴、报告

国家统计局：《中国统计年鉴》（1999 — 2016），见 http：//www. stats. gov. cn/tjsj/ndsj/。

中国社会科学院社会发展战略研究院：《中国基本公共服务调查报告》（2012），2013 年 6 月 19 日，见 http：//www. cssn. cn/preview/zt/10475/10478/201306/t20130605_ 36650 2. html。

中国互联网网络信息中心：《第 33 次中国互联网络发展状况统计报告》，2014 年 3 月 5 日，见 http：//www. cnnic. net. cn/hlwfzyj/hlwxzbg/hlwtjbg/201403/P020140

305346585959798. pdf。

中国互联网网络信息中心：《第 38 次中国互联网络发展状况统计报告》，2016 年 8 月 3 日，见 http：//www. cnnic. net. cn/hlwfzyj/hlwxzbg/hlwtjbg/201608/t20160803＿54392. htm。

中国互联网网络信息中心：《第 39 次中国互联网络发展状况统计报告》，2017 年 1 月 23 日，见 http：//www. cnnic. net. cn/hlwfzyj/hlwxzbg/hlwtjbg/201701/P020170123364672657408. pdf。

三、著作

本书编写组：《马克思主义基本原理概论》，高等教育出版社 2018 年版。

梵丽明、石绍宾等：《新农村建设中的公共品供需均衡研究》，中国财政经济出版社 2008 年版。

高鸿业主编：《西方经济学》（微观部分），中国人民大学出版社 2011 年版。

高淑桃、赵晓霞、张禧：《新农村建设中"三农"问题研究》，西南交通大学出版社 2011 年版。

胡昌平：《现代信息管理机制研究》，武汉大学出版社 2004 年版。

黄志文、杨立新主编：《中部农村信息化探索》，中国农业科学技术出版社 2009 年版。

李道亮主编：《中国农村信息化发展报告（2011）》，电子工业出版社 2012 年版。

马费成编著：《信息经济学》，武汉大学出版社 2012 版。

秦兴洪、廖树芳、武岩：《中国农民的变迁》，广东人民出版社 1999 年版。

世界银行编著：《中国农民专业协会回顾与政策建议》，中国农业出版社 2006 年版。

宋富胜、赵邦宏等：《河北省农业信息化发展研究》，中国农业出版社 2006 年版。

宋学清、王双：《信息工作概论》，西安地图出版社 2008 年版。

孙迪亮：《新农村建设历程中的农民合作组织研究》，山东人民出版社 2012 年版。

谭英：《新农村"自下而上"信息传播范式研究》，中国农业大学出版社 2010 年版。

谭运猛、袁俊、朱坤：《微信营销 360 指南》，机械工业出版社 2014 年版。

王健主编：《信息经济学》，中国农业出版社 2008 年版。

万学道编著：《农村信息化网络平台建设与管理》，中国林业出版社 2010 年版。

杨志勇、张馨编著：《公共经济学》，清华大学出版社 2004 年版。

伊志宏主编：《消费经济学》，中国人民大学出版社 2012 年版。

张姣芳编著：《从信息到发财致富》，中国社会出版社 2006 年版。

张润清、崔和瑞主编：《计量经济学》，科学出版社 2006 年版。

张维迎：《博弈论与信息经济学》，格致出版社、上海人民出版社 2012 年版。

张晓峒：《EViews 使用指南与案例》，机械工业出版社 2013 年版。

中共中央宣传部：《习近平总书记系列重要讲话读本（2016 年版）》，学习出版社、人民出版社 2016 年版。

［美］埃弗里特·M·罗杰斯、［美］拉伯尔·J·伯德格：《乡村社会变迁》，王晓毅、王地宁译，浙江人民出版社 1998 年版。

四、期刊论文

毕耕、周梦：《农业科技信息传播的反馈现状及其对策研究》，《科技创新与生产力》2013 年第 7 期。

丁颖：《第三部门与农村公共产品供给》，《湖南农业大学学报》（社会科学版）2007 年第 4 期。

何璐、高珍冉、狄光智等：《新农村背景下农业技术传播中的受众反馈机制》，《农业工程》2014 年第 3 期。

何义珠、李露芳：《农业信息资源整合框架研究》，《情报探索》2010 年第 4 期。

高建民：《中国农民概念及其分层研究》，《河北大学学报》（哲学社会科学版）2008 年第 4 期。

高山：《新经济增长理论》，《商业经济》2009 年第 8 期。

顾景行：《信息流通与信息不对称原理》，《图书馆学刊》2008 年第 3 期。

黄家寿、黄声兰、陈云飞：《道德风险理论在农业产业信息化过程中的运用》，《热带农业工程》2008 年第 2 期。

简小鹰、冯海英：《贫困农村社区不同类型农户信息需求特性分析》，《中国农业科技导报》2007 年第 2 期。

李洪侠：《信息消费是典型的供给创造需求》，《科技智囊》2013 年第 10 期。

李佳：《略论传播效果与传播对象》，《传媒》2014 年第 10 期。

李锦霞：《应当重视和解决农业经济中的"信息不对称"问题》，《安徽农业科学》2007 年第 12 期。

廖文梅、彭泰中：《信息不对称对农产品市场交易影响及对策研究》，《农机化研究》2009 年第 3 期。

刘爱英：《农业信息分类及河北省供给模式的探究》，《河北经贸大学学报》2010 年第 4 期。

刘海霞、李后卿：《信息消费心理及行为分析》，《情报杂志》2004 年第 2 期。

刘会丽：《农村经济发展中信息不对称现象分析研究》，《经营管理者》2010 年第 18 期。

刘慧悦、李后卿、肖雨滋：《新农村农业产业链信息不对称问题研究》，《农业经济》2013 年第 6 期。

刘林森：《美国信息消费依赖"宽带"拉动》，《信息化建设》2013 年第

10 期。

　　刘修兵、刘行芳：《涉农传播的历史反思与现实路径》，《新闻爱好者》2013 年第 4 期。

　　刘艳苏、路继纯：《中国农业信息市场的主体分析》，《农业图书情报学刊》2007 年第 5 期。

　　罗萍：《信息素养及相关概念辨析》，《攀枝花学院学报》2010 年第 1 期。

　　曲研真：《信息不对称理论下农产品市场问题研究》，《改革与开放》2013 年第 4 期。

　　任贵生、李一军：《欧盟缩小数字鸿沟的策略及对我们的启示》，《管理世界》2006 年第 5 期。

　　任贵生：《韩国缩小数字鸿沟的举措及启示》，《管理世界》2006 年第 7 期。

　　孙贵珍、王栓军、李亚青：《基于信息贫困的河北农民信息素质调查分析》，《中国农学通报》2009 年第 24 期。

　　孙贵珍、王栓军、李亚青：《危机中的农民信息购买力分析》，《中国软科学》2009 年（S2）期。

　　孙贵珍、王栓军、李亚青：《基于农村信息贫困的农民信息购买力研究》，《中国农学通报》2010 年第 6 期。

　　孙贵珍、王栓军、马丽岩等：《中国农村居民消费结构的 ELES 模型分析》，《江苏农业科学》2014 年第 8 期。

　　孙贵珍、王栓军、马丽岩等：《基于 ELES 模型的中国农村居民信息消费需求的实证分析》，《湖北农业科学》2014 年第 20 期。

　　孙贵珍：《河北省城乡居民信息消费比较研究》，《河北软件职业技术学院学报》2014 年第 4 期。

　　孙国梁、赵邦宏、唐婷婷：《农民对农业科技服务的需求意愿及其影响因素分析》，《贵州农业科学》2010 年第 12 期。

　　谭娟、许霞：《惠农政策信息传输与反馈中的问题及其改进》，《湖南农业大学学报》（社会科学版）2010 年第 1 期。

王贵勤：《信息网络传播的立法思考》，《当代传播》2013 年第 4 期。

王洪俊、黄杰、王德海：《农民信息意识对农民行为的影响分析——以江苏省仪征市为例》，《农业科技管理》2007 年第 2 期。

王景文：《国外缩小农村数字鸿沟的政策和措施》，《创新科技》2013 年第 8 期。

王栓军、孙贵珍：《基于农民视角的河北省农村信息供给调查分析》，《中国农学通报》2010 年第 22 期。

王栓军、孙贵珍：《基于信息需求状态的农民信息不对称分析》，《河北软件职业技术学院学报》2012 年第 4 期。

魏礼群：《加快推进以改善民生为重点的社会建设》，《求是》2007 年第 22 期。

吴忠民：《改善民生的有效途径》，《北京观察》2008 年第 2 期。

夏红玉、李玉海：《信息不对称情况下的农产品市场——基于柠檬模型分析》，《图书情报工作网刊》2012 年第 12 期。

肖春梅、孙久文、叶振宇：《中国区域经济发展战略的演变》，《学习与实践》2010 年第 7 期。

肖卫东、杜志雄：《农业生产性服务业发展的主要模式及其经济效应——对河南省发展现代农业的调查》，《学习与探索》2012 年第 9 期。

谢俊贵：《社会信息化过程中的信息分化与信息扶贫》，《情报科学》2003 年第 11 期。

徐娇扬：《论用户信息需求的表达》，《图书馆论坛》2009 年第 1 期。

闫东浩：《对农业政府网站发展的思考》，《中国信息界》2012 年第 8 期。

杨继瑞、薛晓、汪锐：《"互联网+现代农业"的经营思维与创新路径》，《经济纵横》2016 年第 1 期。

杨京英、吴钢华、间海琪：《信息消费系数初探》，《数据》2006 年第 7 期。

杨丽艳：《国外农民合作社发展模式与经验借鉴》，《现代农业科技》2007年第 13 期。

易法敏、张光辉：《农业商务信息的多元主体供给模式探讨》，《财贸研究》2009 年第 2 期。

尹洁、李艳：《信息不对称对农产品市场交易的影响及其矫治——以陕西关中地区为例》，《理论导刊》2011 年第 11 期。

尹雪、赵林：《信息通晓：一个新概念的起源与发展》，《图书馆杂志》2013 年第 1 期。

翟欣：《网络农业信息资源的挖掘与整合》，《科技信息》2010 年第 24 期。

张慧坚：《热区农业信息不对称的有效解决途径探讨》，《安徽农业科学》2010 年第 26 期。

张辉、孙素芬、谭翠萍：《2004 — 2014 年我国农业信息化发展及趋势研究》，《安徽农业科学》2014 年第 35 期。

张文娟：《从"菜贱伤农"看农村信息化建设的瓶颈》，《中国农村科技》2011 年第 5 期。

张向先、靖继鹏、李琳：《农业信息资源的公共物品属性及其配置模式研究》，《现代情报》2007 年第 4 期。

张秀秀、吴启涛、李苗苗：《农民专业协会中的信息传递机制研究》，《重庆文理学院学报（社会科学版）》2010 年第 3 期。

张阳：《农村信息服务中信息不对称及治理》，《贵州农业科学》2009 年第 9 期。

郑英隆：《基于发展方式转变的我国城乡居民信息消费差异研究评述（2006—2011）》，《图书馆论坛》2013 年第 2 期。

周军、田克勤：《中国农村现代化进程中农民文化价值观的变迁及其引导》，《东北师大学报》（哲学社会科学版）2013 年第 3 期。

周晓莹、李旭辉：《农村信息不对称问题研究——基于安徽省的农村调研》，《情报探索》2012 年第 3 期。

朱幼平：《信息经济学的基本理论问题》，《情报理论与实践》1996 年第
3 期。

董莉莉：《政府与农民之间的"博弈"——对我国农民负担问题的社会学
思考》，福州大学人文社会科学院 2004 年硕士学位论文。

董晓婷：《论媒介"三农"报道中的有效信息传播》，南京师范大学新闻
与传播学院 2007 年硕士学位论文。

雷娜：《农业信息服务需求与供给探究》，河北农业大学经济贸易学院
2007 年硕士学位论文。

马晓丽：《我国农产品市场信息不对称问题探究》，山东农业大学经济管
理学院 2010 年博士学位论文。

孙贵珍：《河北省农村信息贫困问题探究》，河北农业大学商学院 2010 年
博士学位论文。

王艳霞：《网络环境下中国农业信息服务系统探究》，河北农业大学商学
院 2007 年博士学位论文。

杨夏：《科技传播学视角下江西省农业科技服务的发展探究》，江西农业
大学政治学院 2013 年硕士学位论文。

周梦：《农业科技传播中的受众反馈机制研究 ——以监利县周老嘴镇为
例》，华中农业大学文法学院 2013 年硕士学位论文。

乔治·阿克洛夫：《柠檬市场：质量不确定性和市场机制》，《经济导刊》
2001 年第 6 期。

J. E. Stiglitz. *Equilibrium in Product Markets with Imperfect Information*，The
American Economic Review，Vol. 69，No. 2（1979）.

Paul A. Samuelson，*The Review of Economics and Statistics*，Vol. 36，No. 4
（1954）.

五、报纸

董立龙：《中央农村工作会议解读——首提建设"人的新农村"意义何

在》，《河北日报》2014年12月25日。

顾伯冲：《剪断"信息孤岛"背后的利益链》，《人民日报》2016年6月8日。

胡希宁、步艳红：《"信息不对称"与经济学的理论创新——2001年度诺贝尔经济学奖理论述评》，《光明日报》2001年11月20日。

蒋建科、史自强、胡安琪：《"无籽葡萄抹避孕药"纯属无稽之谈》，《人民日报》2016年9月13日。

马文方：《美国国家宽带计划：10年内互联1亿个家庭》，《中国计算机报》2010年3月22日。

王玲：《为传统农业插上数字化的翅膀》，《经济日报》2009年2月4日。

汪瑞林：《人民大学教授袁卫：探索大数据人才的培养之道》，《中国教育报》2014年6月30日。

张蕾：《"科技小院"让农民增产增收》，《光明日报》2016年9月9日。

后　记

　　本书是国家社会科学基金资助项目"新时期解决我国农民信息不对称问题的对策研究"（12BZZ061）的最终成果。项目研究工作从 2012 立项开始，历时 4 年多，课题组成员在涉及东中西部东北地区的黑龙江、河北、海南、安徽、河南、云南、内蒙古等 7 省区的 80 余个地级市作了关于中国农民信息需求状况的大量问卷调查和实地调研，获得了本书研究所需的第一手资料，这对最终成果的形成具有重要作用。本书有的内容已经公开发表。项目主持人：孙贵珍（河北农业大学）；项目组其他成员有：王栓军（河北软件职业技术学院）、李亚青（河北农业大学）、王桂荣（河北省农林科学院）、高贵如（河北农业大学）、王荣花（河北农业大学）、王慧军（河北省农林科学院）。本书由项目主持人孙贵珍执笔完成。项目组其他成员在本书的问卷设计、调查和研究中都作出了贡献。本书的完成离不开项目组全体成员的共同努力和辛苦付出。同时，本书也为后续研究河北农业大学 2018 年度科研发展基金计划项目"我国农民信息不对称问题研究"（JY2018012）之成果。

　　本书也属于河北农业大学河北省哲学社会科学研究基地（农业经济发展战略基地）和河北省高等学校人文社会科学重点研究基地的相关研究成果。陈斌（云南农业大学）、杨秀丽（东北农业大学）、李伟威（内蒙古农业大学）、孙承飞（安徽科技学院）、王新建（商丘师范学院）、盖玉洁（三亚学院）等同志对项目有关调查给予了大力帮助。在此，向给予大力支持的国家哲学社会科学规划办、河北省哲学社会科学规划办、河北农业大学等所有单位以及给予指导、帮助、关心、支持的领导、专家、学者、同事、朋友、家人等所有人表示衷心感谢！正是他们的大力支持和鼓励，使我们顺利完成了项目研究，并出版此书。

本书在撰写过程中，参考吸收了相关学界专家、同仁的研究成果，在此表示诚挚谢意！本书尽可能将引用的成果以注释和参考文献的形式加以注明，如有遗漏属无心之失，敬请谅解。

因笔者水平有限，书中难免有缺点和不妥之处。恳请同行专家、学者批评指正。

孙贵珍

2019 年 2 月于河北保定

责任编辑：赵圣涛
封面设计：王欢欢
责任校对：吕　飞

图书在版编目(CIP)数据

中国农民信息不对称问题对策研究：基于信息需求侧和供给侧／
　孙贵珍 著.—北京：人民出版社，2019.6
ISBN 978－7－01－020670－7

Ⅰ.①中…　Ⅱ.①孙…　Ⅲ.①农业经营-不对称信息-农民问题-农业政策-
　研究-中国　Ⅳ.①F320

中国版本图书馆 CIP 数据核字（2019）第 069508 号

中国农民信息不对称问题对策研究
ZHONGGUO NONGMIN XINXI BUDUICHEN WENTI DUICE YANJIU
——基于信息需求侧和供给侧

孙贵珍　著

人民出版社 出版发行
（100706　北京市东城区隆福寺街 99 号）

北京中科印刷有限公司印刷　新华书店经销

2019 年 6 月第 1 版　2019 年 6 月北京第 1 次印刷
开本：710 毫米×1000 毫米 1/16　印张：16
字数：260 千字

ISBN 978－7－01－020670－7　定价：59.00 元

邮购地址 100706　北京市东城区隆福寺街 99 号
人民东方图书销售中心　电话（010）65250042　65289539